# まえがき

　連合国軍最高司令官として戦後の日本に君臨していたダグラス・マッカーサーは、非武装という一瞬の夢を見ました。この夢が日本国憲法第九条の産みの親です。こう言えば、誰もがびっくりすると思います。でも、このことは紛れもない事実です。そのことに間違いはありませんが、その夢はほんの一瞬で終わりました。マッカーサーは現実の世界（冷戦、朝鮮戦争）に対処するために、夢をかなぐり捨てざるを得なかったのです。しかし、その夢は日本国憲法第九条として残ったのです。

　マッカーサーは確かに足早にこの夢から離れて行きました。しかし、その夢は憲法第九条とそれを支える政治勢力（日本社会党）として残るのです。日本国憲法とりわけその第九条はとても魅力的な理想を表現しています。ただし、理想はそれを実現するために、時として人々に過度な要求をすることがあります。例えば、平和を実現するためには誰もがガンジーのように無抵抗・非暴力の人にならなければならないという要求は、現在の政治状況を考えるまでもなく、あまりにも過重過酷な要求ではないでしょうか。また、本当の平和を実現するために人々は「無」の境地に至らなければならないと説くある種の宗教的境地が求められるなら、私はこうした要求を「過度な要求」と考えます。そして「過度な要求」を通して実現が目指される理想を「過剰な理想」と呼びます。

実は私たちはそこかしこに「過剰な理想」を見ることができます。私はその見本を戦後最大の平和運動家、森瀧市郎のなかにも見ます。森瀧は戦後は平和思想家・運動家としてつとに有名な倫理学者です。しかし、戦前は皇国思想をもったかなり強烈な国家主義者でした。戦前と戦後の森瀧は、このようにその理想とするところは違います。しかしその全く異なる理想はどちらとも、「過度な要求」を伴う「過剰な理想」です。このようなことがどこからどのようにして生じるのでしょうか。この秘密を探求し明らかにしていくことが本書の課題でもあります。

この作業を推し進めていく過程で、とくに戦前の森瀧の思想を知るために森瀧の師であった西晋一郎の国家思想を押さえておくことは極めて重要なことです。このような理由から、マッカーサーの夢に続いて西晋一郎の夢そして森瀧市郎の夢を論じることになりました。マッカーサーの夢とは、正確に言えば、マッカーサーが捨ててしまった夢です。マッカーサーが捨ててしまった夢と、戦後の森瀧市郎の夢は、「過剰な理想」という点でつながります。森瀧の夢はまさしく「過剰な理想」の系譜に位置づけられるのです。私は本書で「過剰な理想」を三人の人物の夢の分析を通じて多角的かつ多面的に論評することによって、私たちがこれからどのような意識で平和な世界を構築すべきかを提案したいと考えています。

# 目次

## 第二部　「理想国家」の夢　西晋一郎

# 凡　例

- 引用文の旧漢字および旧仮名遣いは、西晋一郎の文章はそのままにし、森瀧市郎の文章は当用漢字、現代仮名遣いに直した。
- 引用文中の〈　〉は筆者が付したものである。
- 注は読みにくくなるので全て廃した。ただ、注が必要な場合は一箇所を除いて本文中の《　》のなかに挿入した。

# 序章

夢は昔から「理想」とも言い換えられてきました。これからお話しする夢は、理想の国や社会のことです。理想は現実の反対語ですから、「現実には存在しないもの」です。しかしもう少し深く考えると、理想はたしかに「現実には存在しないもの」ですが、「人間がその実現を目指すもの」であると言うことができます。夢とはこうした理想のことです。

私たちは「夢の国（社会）」に思いを巡らすとき、トマス・モアの『ユートピア』を連想します。モアのユートピア論の原型は、一般にプラトンの『国家篇』にあると言われています。というのもプラトンは、哲人（哲学者）が治める「正義」の実現された国家を、理想国家として描いてみせたからです。ただし、プラトンは理想国家をただ描いただけでなく、現実化するための必死の努力もしました。その努力は報われませんでしたが。こうしたプラトンの構想を始めとして、理想国家論はさまざまに展開されてきました。近代になってその構想を引き継いだ人の代表者が、トマス・モアです。

二〇一六年はモアの『ユートピア』刊行五〇〇年でした。永年モア研究に従事してきた菊池理夫は、ユートピアを「不在の理想」と定義しています。「ユートピア」という語は、菊池によると、モアが「否—場所」と「善き—場所」という意味を持つ言葉として、ギリシア語から造語したものだそうです（『ユートピアの再構築』石崎嘉彦、菊池理夫編著、晃洋書房、二〇一八年、一七頁）。他方、同じ本の中で、石崎嘉彦はそれら二つの定義の「媒介性」に着目し、それに歴史性を加味して、ユートピアを「実現が不可能であると思われるような社会を計画すること」（同上、ii頁）と定義しています。この定義には、近代におけるユートピア論の若干の進展が含まれていると思います。すなわち、善き処(ところ)ではあるが実現不可能な不在の理想が、人間による理性的に準備された計画とその実行とによって、手の届く存在になりうるというユートピア論の進展です。

モア後の西洋近代、それは人間が時と共にますます増長し傲慢になっていくプロセスでもありました。この時代に生まれた近代自然科学は、周知のようにうまくテクネー（技術）と結びついて、欲望の満たされた安楽な生活という夢の実現を目指します。他方で、ルソーに代表される啓蒙思想は、人間に「自由」、「平等」、「博愛」という近代的理念を与え、それらの理念が実現された理想社会の現実化を試みます。この試みは「革命」と呼ばれる仕方で成就されます。しかし、この試みすなわち近代市民革命には、まずいわゆる右派からの厳しい批判が浴びせかけられます。エドムント・バークやヘーゲルからの批判です。彼らは、「多数者による独裁」を革命の避けられない弱点として告発しました。もう一方で、左派からの批判は、市民（ブルジョア）革命の結果生じた資本主義に起因する不平等に集中しました。マルクスは資本家と労働者のこの不平等はやがて必然的にプロレタリア革命を惹き起こし、社会主義国家が成立すると説きました。社会主義国家はやがてさらに発展し、人間の理想とする共産主義社会に到達し、ついに国家の死滅に至ると、マルクスは夢想しました。この夢想は決して占い師の予言などではなく、科学的論証の結果、「科学的に（wissenschaftlich）」導き出されたのです。まさしく、ユートピアは必ず実現されるはずでした。

　しかし、その結果はあまりにも悲惨でした。多くのポストモダンの思想家たちが指摘するように、ユートピアの現実化が招いたのは、紛れもなく「地獄」でした。その具体例はいくつも挙げることができます。ソ連のスターリニズムに象徴される多くの社会主義国家の独裁そしてドイツのナチズム等々。私は前著『昭和天皇をポツダム宣言受諾に導いた哲学者　西晋一郎、昭和十八年の御進講とその周辺』（ナカニシヤ出版、二〇一七年、以下『ポツダム』と略記）で、歴史の中に私たちが見て取れるのは、ヘーゲルの言うような「理性の狡知」という善き方向への和解総合ではなく、善き意図が不可解な力で悪しきものに転化していく地獄絵であると、報告しました。そうであるなら、もはや理想社会などという「大きな夢」を見ることは許されないのではないでしょうか。人はこれを「ユートピアの終焉」とも呼びます。それはフランシス・フクヤマのように、もうこれ以上発展する余地がない「歴史の終わり」に至ったという楽観主義とは全く違います。それはもはやいかなる夢も描けないという、最も根源的なニヒリズム（虚無主義）と言えるかもしれません。

　しかし、それでも私たちは夢を見るのです。モアの夢よりももっと高い夢を。菊池は「〈モアのユートピアでは〉人々が嫌がる労働を強制的に課せられる奴隷も存在し、またユートピア人は戦争を野蛮なものとして嫌いながら、男女ともに戦争に備えて軍事教練もし、実際に戦争もするのである」（石崎・菊池、前掲書一九頁）と語っています。このように、モアのユートピアには私たちが理想国家の中に決して算入することができない事柄が多く含まれています。モアは自分の住む現実の社会、国家を土台にして理想を描いてみたのですが、モアよりは「進歩」（？）した時代に生きる私たちは、すでにモアよりも欲張りになっています。私たちは奴隷などいない完全な平等を、そして戦争に行くこともなく、戦闘に参加することもない完全な平和を夢想するのです。私たちは「大きな夢」が地獄への一里塚であることを幾度となく経験し重々承知していても、それでもなお夢を見続けるのです。それはシーシュポスに課された試練にとても似ています。すなわち、人間は「夢なしには生きられない、夢を目指さざるを得ない存在」なのです。

以下で、私は三つの夢を語るつもりです。「ダグラス・マッカーサーの夢」、「西晋一郎の夢」、そして「森瀧市郎の夢」です。森瀧市郎の夢は、マッカーサーの夢の系譜のなかに位置づけられます。マッカーサーの夢は非武装であり、森瀧の夢は核絶対否定です。この戦後デモクラシーを象徴する二つの夢が共に「過剰な理想」であると考えるところに本書の妙味があると思っています。因みに、西晋一郎の夢、神性国家（第二部で詳論）も「過剰な理想」であると、私は考えています。以下ではともかくもこれら三つの夢を順々に主題化し、それぞれの「夢の在り処」を探り、夢に付随するさまざまな問題を考えてみるつもりです。

《第一の夢》

軍人マッカーサー（一八八〇―一九六四）は、一瞬だけではありますが「軍隊のない、戦争をしない国」を夢見ました。日本をそういう国にしたいと思ったのです。でも、その夢は朝鮮戦争で一瞬にして潰え去りました。夢とは儚いものなのです。しかし、その夢自体は日本国憲法と日本政治の中に残されました。つまり、日本社会党の非武装中立論はマッカーサーの夢の「しずく」のようなものなのです。第一部では、まずマッカーサーの夢について語ります。つぎに、憲法改正とくに第九条の改正が議題に上ろうとしている昨今、いまでは忘れ去られてしまった感のある非武装中立論の是非を問います。そして戦争についての論じ方を問題にし、その上で具体的に私の戦争観を語ります。さらに、戦争と平和について多面的に考察し、平和教育のあり方や私たちが「守るべきもの」を考えます。

《第二の夢》

国体論者である西晋一郎（一八七三―一九四三）は、天照大神の子孫である皇の統治する徳に満ちた国家を理想国家として夢想しました。しかし、大東亜戦争の敗戦を自覚した西は、皇を中心にした国家体制の存続を願って、昭和天皇に敗戦の心構えを説きました。昭和天皇はその教えに従って、ポツダム宣言を受諾します。しかし、戦後形成された国家体制は、決して西が夢想したものではありませんでした。むしろ西の眼中になかった民主国家日本でした。そのなかで、皇も神格性を剥奪され、日本国の「象徴」、日本国民統合の「象徴」となりました。西の夢は潰え去ったと言えましょう。しかし、天皇家は日本国憲法に忠実に「象徴」たらんと務めておられます。そのご努力は相当なものですが、天皇という伝統的存在が、「象徴」としての天皇のうちに納まりきるのかどうかを、ヘーゲルの君主論と西晋一郎の君主論の違いを通して考えます。《西晋一郎の生涯や主たる思想については、二〇一七年出版の拙著『ポツダム』（ナカニシヤ出版）を参照してください。この前著では西の政治哲学についてはあまり触れなかったので、本書でこの部分を論じます。》

《第三の夢》

第三の夢は、西晋一郎の娘婿である森瀧市郎（一九〇一―一九九四）の夢です。森瀧は戦後広島の反核運動、平和運動の象徴となった倫理学者です。彼の「夢」である反核平和思想は、彼の著書である『核絶対否定』で語られています。まず、この著書で表現されている森瀧の夢、「核絶対否定」の思想を明らかにします。

次に戦前の森瀧の代表的論文を読解し、彼の戦前の立ち位置を明らかにします。というのも、森瀧は西晋一郎の弟子であり、戦前は国体論者と呼んでいい思想を抱いていたからです。そしてその上で、森瀧の戦前の国体思想と戦後の核絶対否定の思想とを比較してみたいと思います。こういう試みは、これまでになされてきませんでした。しかし、多くの人々が戦前の自分の立場について言及することなく、鬼籍に入られました。戦前の自分の立場を明らかにすることなく戦後を出発するということと、戦争に対する「反省」の仕方とがひょっとしてつながっているのではないかと考え、戦前の立場と戦後の立場を比較してみることにしました。

森瀧の戦前と戦後の思想を比較することが第三部のメインテーマではありますが、両者の間で、ドイツの現在の原発政策を論じます。それは日本とドイツの第二次世界大戦後の対応の仕方、あるいは「反省」の仕方に関わってきます。

「未来の平和国家日本構築」のためには、第三部として森瀧の夢と、戦争についての反省の問題を論じておくことは必要欠くべからざることだと私は考えています。したがって、森瀧の夢を第三の夢として、第二の西の夢から切り離して独立的に論じることにしました。なぜなら、このことは森瀧の戦前の夢と戦後の夢、この相反する二つの夢が共に、マッカーサーの夢の系譜の中に、すなわち「過剰な理想」の系譜の中に位置づけられるという点できわめて重要であるからです。私たちは、この認識を基礎にして初めて新しい「平和論」を構想できる地点に立つことができるのではないかと考えています。

# 第一部

# 「非武装」の夢

ダグラス・マッカーサー

# 第一章　マッカーサーの夢

マッカーサーの夢を語るためには、まずはマッカーサーの経験を知っておかなければなりません。とりわけ、マッカーサーが日本といかに戦い、日本にいかに勝利し、日本をいかに占領し、支配したかを知っておかなければ、マッカーサーの夢について語ることはできません。だから、まず簡単にではありますが、マッカーサーの戦史から始めなければなりません。

## 第一節　太平洋の戦いとその帰結

マッカーサーの回顧録を読んでいると、いつのまにか自分がマッカーサーと同じアメリカ人になっていて、アメリカのフィリピンからの撤退を嘆いていたりします。しかし、マッカーサーが連合国軍司令官として、オーストラリアから太平洋の島々を駆け上がっていく最中、連合艦隊司令長官であった山本五十六機が撃墜され、さらにその後任の古賀峯一も同じ運命をたどることを知ったとき、ふと日本人に帰ります。そういうマッカーサーの回顧録は、幾分手前味噌の感があり、少し控えめに理解しなければなりませんが、おおむね信頼できるものです。

マッカーサーはフィリピンと深い関係を持っていました。フィリピン方面軍司令官を務めたり、陸軍参謀総長を退任した後は、フィリピン軍事顧問としてフィリピンに滞在していました。彼が太平洋戦争が勃発する直前の一九四一年七月に現役復帰しますと、一二月には日本軍がフィリピン上陸を始めます。マッカーサー率いるアメリカ軍はフィリピン人とともに日本軍と戦いますが敗走に敗走を重ねます。そしてついに、マニラ湾に突き出たバターン半島のほんの先にあるコレヒドール島から、高速魚雷艇四隻で脱出します（一九四二年三月一一日）。多くの部下を置き去りにして。残された多くの部下は「バターン死の行進」などで命を落とすことになります。その一方、マッカーサーは命からがらオーストラリアのバチュラフィールドに辿り着きます。そこで発した言葉が、かの有名な「私は戻る」（"I shall return."）です。命令とはいえ、マッカーサーにとって多くの部下を見捨てて現場を脱出するほどの屈辱はなかったことでしょう。この屈辱感とそれをバネにした復讐心が、マッカーサー北帰行の原動力となりました。

やがて反攻に打って出た連合国軍はニューギニア島、ミンダナオ島、そしてルソン島と攻め上がり、マニラ市街戦に勝利します。つづいて、バターン半島を奪回し、ついにコレヒドール島も陥落させます。一九四五年二月一六日のことです。こうして戦いは決着しました。マッカーサーは脱出から三年を経て戻ってきたのです。その間、フィリピンで一二万人余りの日本兵が戦死しています。戦死と負傷者合わせて二万人台の連合国軍に比べてあまりにも多い数です。この戦闘でマッカーサーの復讐第一弾は終わったのです。彼はフィリピンを根拠として、占領支配するために日本に向かうことになります。

それにしてもこの歴史に類を見ない激しい戦いは何だったのでしょう。マッカーサーはあるフィリピン人の手紙を使って、この戦いの本質を次のように語っています。

　この戦いは全面戦争であって、争いの対象は単なる領土の問題ではなく、むしろ政治形態、生活様式、さらには各個人の思想と感情にまで関係する問題である。いいかえれば、現在の争点は日本と米国のどちらがフィリピンを手に入れるかということではなく、もっと基本的に、どのような政治形態と生活様式がフィリピンを支配し、どのような社会機構と道義的基準がフィリピン人の存在を規制するかということなのだ。（ダグラス・マッカーサー『マッカーサー　大戦回顧録』津島一夫訳、中央公論新社、二〇〇三年、二〇一四年、一三七頁、以下『回顧録』と略記）

この手紙は日本軍への協力を薦めるファーミン・キャラムに宛てた、クリスチャンでフィリピンの政治指導者であるトーマス・コンフェサーの回答文です。この手紙はフィリピン全土で読まれ、マッカーサーの手許にも一九四三年秋に潜水艦で届けられました。この手紙は連合国軍兵士の士気もフィリピン人ゲリラの士気も多いに高めたと言われています。この手紙では、争われている戦いが単なる領土争奪戦ではなく、政治形態や生活様式という精神に基盤を置いて形成されるものの戦いとされています。自由に基づく政治・近代的な合理的生活様式と独裁的政治・伝統的で保守的な生活様式との戦いとして設定されています。この設定の仕方は幾分恣意的であり、日本側からは疑問も投げかけられることでしょう。しかし、マッカーサーは心底からこの設定の仕方で日本との戦いを考えていたようです。

以下のマッカーサーの勝利宣言を読めば、それが納得できるでしょう。

一つの国、一つの国民が終戦時の日本人ほど徹底的に屈服したことは、歴史上に前例をみない。日本人が経験したのは、単なる軍事的敗北や、武装兵力の壊滅や、産業基地の喪失以上のものであり、外国兵の銃剣に国土を占領されること以上のものですらあった。幾世紀もの間、不滅のものとして守られてきた日本的生き方に対する日本人の信念が、完全敗北の苦しみのうちに根こそぎくずれ去ったのである。（『回顧録』四〇五頁以下）

日本は全領土を占領されました。しかし、それは表向きのことで、実はもっと手痛い敗北、精神的拠り所を失ったのです。マッカーサーの勝利宣言はそう読めます。アメリカは日本に精神の戦いで勝ったのだと。物理的な面だけでなく、精神的な面にまで達した日本の敗北を、マッカーサーは「完全な敗北」（『回顧録』四一三頁）と呼んでいます。このアメリカ的精神・アメリカ的価値観の勝利という確信が、日本支配の全権を手中に納めたマッカーサー日本統治の礎となり、日本占領政策はこの確信に従って行われることになるのです。その手始めに、日本占領政策のサンプルとして、アメリカはフィリピンに立憲政治の全権を返還しました（『回顧録』三三八頁参照）。マニラ陥落からそんなに日にちの経っていない一九四五年二月二七日のことです。マッカーサーはフィリピンで日本占領の予行演習を始めたのです。

## 第二節　日本占領と支配

一九四五年八月三〇日二時一五分、マッカーサーは僅かな兵力に守られて、何十万という日本軍が完全武装で控えている占領地（厚木）に到着します。回顧録は僅かな手勢で大軍のただなかに飛び込んでいく英雄として、マッカーサーを描いています。事実は確かにそうでしたが、日本占領は意外にも静かに進んで行きます。九月二日には降伏式。妨害を避けて、東京湾二九キロメートル沖合に停泊している戦艦ミズーリ艦上で行われました。マッカーサーが二、三分の短い演説を行った後、降伏文書への調印が行われました。この短い演説で彼が最も強調したのは「寛容」でした。

この調印式の後、マッカーサーは米国民に向けて比較的長い演説を行っています。その演説の中でマッカーサーは「〈これからは〉精神の再復興と人類の性格改善が行われなければならない。私たちが肉体を救おうと思うなら、まず精神から始めなければならないのだ」（『回顧録』三九二頁）とアメリカ国民に呼びかけています。マッカーサーは軍人ではなく、あたかも牧師であるかの如く「気高い心」を説いています。

これらの演説はやがて占領史にとても重要な影響を与えることになります。この演説を随員の一人として聞いていた外務省情報部長加瀬俊一によって、この演説と加瀬の感想が即刻重光葵（まもる）外相（調印式日本側代表）を通じて天皇に伝わりました。袖井林二郎は「マッカーサーに対する天皇の印象を作り上げる上で、この加瀬報告の果たした役割は極めて大きいといえよう」（袖井林二郎『マッカーサーの二千日』中央公論新社、一九七六年、二〇一五年、九八頁、以下『二千日』と略記）と指摘しています。調印式のその日にマッカーサーの「人となり」が天皇の心の中に深く刻み込まれたのです（同上、参照）。

加瀬は報告書の中で「仮にわれわれが勝利者であったとしたら、これほどの寛大さで敗者を包容することができただろうか」と深い感動を綴っていました。この報告書について、重光が「陛下も嘆息されながらうなづいておられた」ことを加瀬に伝えています。（『回顧録』三九四頁参照）同じことを袖井も語りながら、加瀬の報告書の重みに共感しています（『二千日』九八頁）。

加瀬の報告書を通じて昭和天皇のうちに形成された「寛容」なマッカーサー像が、天皇にマッカーサーとの会見を決意させたと考えることができます。天皇とマッカーサーの会見は、天皇からの申し出によって行われることになります。会談は決してマッカーサーが「よびつけた」のではなく、あくまでも天皇からの「申し出」によってセットされたのです。これが事実でありますが、このようなシナリオがすべてを丸く収める無難なものであったことも事実です。一九四五年九月二七日、連合国軍総司令部があった旧第一生命ビルで二人は最初の会談を行いました。会談について袖井は周辺の動きを交えてかなり詳細な報告をしていますが、『回顧録』は意外にあっさりとしています。翻訳の頁数はわずか三頁にすぎません。そこにはいままでは巷間によく知られたことが書かれています。マッカーサーからタバコをいただく天皇の手が震えていたこと。そして意を決して天皇が発した言葉。

私は、国民が戦争遂行にあたって政治、軍事両面で行ったすべての決定と行動に対する全責任を負う者として、私自身をあなたの代表する諸国の裁決にゆだねるためおたずねした。（『回顧録』四二五頁）

戦争の全責任を自ら引き受けようとする天皇の申し出を、マッカーサーは次のように受け取った。

私は大きい感動にゆすぶられた。死をともなうほどの責任、それも私の知り尽くしている諸事実に照らして、明らかに天皇に帰すべきではない責任を引受けようとする、この勇気に満ちた態度は、私の骨の髄までもゆり動かした。私はその瞬間、私の前にいる天皇が、個人の資格においても日本最上の紳士であることを感じとったのである。（『回顧録』四二五—四二六頁）

「この勇気に満ちた態度」とか「日本最上の紳士」という表現で、マッカーサーの天皇に対する打ち解けた親愛の情が見て取れます。この後、天皇とマッカーサーはたびたび会談を重ねることになりますが、彼は天皇を「どの日本人より民主的な考えの持ち主」と評価しています。そして、この天皇があって、日本の占領政策がうまく機能したと吐露していています。（『回顧録』四二六頁参照）

私は占領前後のことを理解するキーワードは「信」であると考えています。厚木に向かうC54型機のなかのマッカーサーを、当時彼の軍事秘書官を務めたホイットニーは次のように語っています。「彼は日本が国家的にもっている、あの『武士道』と呼ばれる伝統的な騎士道の精神を知り、また信じていた」（『回顧録』三七九頁）と。ひとたび「降伏」を宣言した武士は、決してその言葉を裏切ることはありません。新渡戸稲造はその著『武士道』で武士道の起源などを語った後、武士道の徳目を順番に取り上げ簡単な説明を加えています。それによると、武士にとって言葉は武士の命であり、それを覆すことは万死に値しました。それが武士の「誠」でした。マッカーサーは英文で書かれた新渡戸の"BUSHIDO"を読んでいたのです。ただ読んだばかりでなく、その心を理解していたと言えます。だから、武士道精神をマッカーサーはよく知っていて、日本人を「信」じていました。こう書きますと、なにか少し美しすぎるストーリーのような気もしますが、一人の人間がとてつもなく大きな仕事をするとき、「信」は最も基本的で重要な心情であると私は考えています。

## 第三節　マッカーサーと鈴木貫太郎の「信」

これでマッカーサーの夢を語る準備はできました。しかし、もう少し「信」について語っておかなければなりません。マッカーサーの相手方であった、終戦内閣の総理大臣鈴木貫太郎の心情についても少し触れておきたいと思います。一九四六年八月にマッカーサーは彼が日本で最も信頼していた政治家吉田茂から、一通の英訳された文章をもらいます。終戦一年後の八月一五日、毎日新聞に掲載された鈴木貫太郎の文章です。これをとても気に入ったようで、マッカーサーはこの英訳された文章を、『回顧録』に転載しています。少し長くなりますが鈴木の記事を以下で引用します。

降伏を受ける時の気持は、私としてはしごく平静であった。周囲の人々はいろいろ心配し、国体護持の点につき連合国側に保証の言質を得るよう交渉すべしと主張した〈この点については、第一部第五章で詳しく述べます。〉。しかし、それは本質的に無理であって、私はあえてその労をとることは避けた。というのは、こちらは敗れたのである。敗れた以上は男らしくすべてを相手方にまかせる以外になく、これは古来からの慣わしである。

しかし、私は次の一点につき、絶大な信念をもっていた。それは敵将を信頼するということである。武士道は日本の独占物ではない、世界の普遍的な道義である。いったん軍門に降った以上は、これを味方として保護することは正しい武人の行動である。私はマッカーサー将軍の個性は知らなかったが、私も武人の一人としてこの心理を固く信じていた。

従って当時、種々の不安感に基づく噂が飛んだが、私はいささかも心配しなかった。陛下の当時のご心中も全く私と同じであらせられた。陛下は人も知るように決して人を疑うというお気持がない。敵を信頼し、すべてを開放せよとさえ仰せられたほどである。（中略）

いまとなって敵将を信ずるという私の信念は全く正しかったことを知り、連合国の占領政策および展開されつつある日本の民主主義化の過程を見つめつつ、この片田舎に身をひいてはいるが、

〝終戦〟の際に操舵したことは決して日本を不幸にしたものではないということを事実として知り、私は非常にうれしく思っている。（『回顧録』三九九―四〇〇頁）

マッカーサーがこの新聞記事をとても満足して読んだことは十分に想像することができます。なぜなら、彼の占領政策を鈴木は全面的に承認し、賞賛しているからです。ただ、この記事のポイントは、マッカーサーが決して裏切らなかったという点にあります。この記事の中には「信」という言葉が四回も登場します。相手が何をするかわからないから言質（げんち）を取れという人々に、鈴木は「信」をもって対応しました。一般世間では、確認事項を文書化し判を押し、後で問題が起こらないようにすることが大人の対応ではあります。しかし、国と国との関係においてはそういうことができない場合もあります。相手（アメリカ）の言うことに従う以外に術はなく、もうどうしようもなく従ったことを、鈴木は「信」というきれいな言葉で飾っているようにも見えます。そういう側面のあることは決して否めませんが、それでも鈴木には「信」に対する確固たる信念があったと思います。

鈴木の「信」に、長い生真面目な軍人生活で形作られた側面があることは否定できません。しかし、鈴木の「信」は昭和天皇仕込みの「信」でした。私は前著『ポツダム』で、広島文理科大学名誉教授・西晋一郎が昭和天皇に『論語』顔淵篇・子貢問政章を使って、敗戦のときの心構えを説いたことを報告しました。そこで、子貢は「政治において大切なものは何か」と孔子に問います。孔子は答えます。「食」と「兵」と「信」であると。そのなかで最も大切なものは何かと再び子貢が問います。

孔子は答えます。「信なり」と。「信」は宇宙を貫く原理であり、これなしには世界は成り立たないと。西は御進講で「信」なしには、国家が成り立たないから、民は国民として生きることができません。国民として生きることができないということは、人間として生きられないということであります。だから、民にお上を信じなさいと説きます。それと同じく、お上にも民を信じなさいと説きます。上と下が相互に「信」で結ばれるとき、真の国家が成立するのです。西は「信」がもつこのような構造を御進講することによって、「民の力を信じて敗戦を受け入れよ」と天皇に説いたのです（『ポツダム』四四―六三頁参照）。私は前著で、昭和天皇は、内閣総理大臣か枢密院議長であった終戦直前の鈴木にこの御進講の内容を説いたと推論しました。

昭和天皇が『論語』顔淵篇子貢問政章について鈴木に語ったということは、半藤一利も多くの箇所で言及しています（『ポツダム』一四三頁参照）。鈴木は終戦後インタビューに応じて、『論語』顔淵篇子貢問政章の「信」の大切さを、自分の言葉で語っています（『ポツダム』一四四―一四五頁参照）。鈴木にとって、「信」はもともと身についていたものではあったとしても、昭和天皇の教えを通じて鈴木は「信」がもつ意味の重さ・深さを自覚できたのではないかと、私は考えているのです。

マッカーサーと鈴木貫太郎がそれぞれ別々に「信」の大切さについて語っていることは、私たちの人生にとって極めて示唆的であります。両人ともドロドロとした世俗的情念に取り巻かれていたはずです。例えば、マッカーサーはともすれば抑えきれない復讐心に苛（さいな）まれたり、本国アメリカや他の戦勝国との軋轢にとても強いストレスを感じていたことでしょう。また、鈴木は二・二六事件で負った精神的肉体的傷を背負いながら、迫りくる陸軍や若手将校の圧力に慄（おのの）いていたことでしょう。もちろん、マッカーサーも鈴木も清廉潔白なだけの人間ではありません。だが、苦しみがきわまるときそれら情念がスーッと消えて、こころが透明になる瞬間があったのではないでしょうか。そのとき彼らのこころのなかに「信ずる」しかないという「信」のこころがくっきりと浮かび上がってきたのではないでしょうか。鈴木の「信」とマッカーサーの「信」が交差したところが、終戦であり日本占領であったと、私は考えています。

## 第四節　マッカーサーの夢

結論から先に述べておきます。日本国憲法第九条は、マッカーサーの夢であります。そしてマッカーサーのこの夢を受け継いだのは、日本社会党の主張した「非武装中立論」であります。非武装中立論は当然のことながら「戦争放棄」を含んでいます。

### （1）　日本国憲法第九条

右のことを語るために、まず「日本国憲法第九条」を以下に記しておきます。第九条は日本国憲法の第二章に配置されています。その題目は「戦争の放棄」です。

第九条　日本国民は、正義と秩序を基調とする国際平和を誠実に希求し、国権の発動たる戦争と、武力による威嚇又は武力の行使は、国際紛争を解決する手段としては、永久にこれを放棄する。
②前項の目的を達するため、陸海空軍その他の戦力は、これを保持しない。国の交戦権は、これを認めない。

次に憲法本文全体の前提であり、とりわけ第九条に深く関わり、その直接の前提ともなっている日本国憲法「前文」の当該箇所を記しておきます。

「(前略) 日本国民は、恒久の平和を念願し、人間相互の関係を支配する崇高な理想を深く自覚するのであって、平和を愛する諸国民の公正と信義に信頼して、われらの安全と生存を保持しようと決意した。(中略) 日本国民は、国家の名誉にかけ、全力をあげてこの崇高な理想と目的を達成することを誓ふ」。

## (2)　日本国憲法第九条の基本的解釈

日本国憲法第九条をそのまま字義通りに解釈すれば「非武装中立」であり、この考えこそ日本防衛のあるべき姿であると考える人がかつては多数存在しました。もとより、学会においてもそのように考えられていましたし、現在でも変わることなくそのように考えている研究者も多数います。小林直樹はそのことを以下の様に報告しています。

学会の圧倒的といってもよい通説によれば、この条文は明らかに戦争の放棄と軍備の禁止を定めたもので、自衛隊のような存在は許されないと解するしかない。（小林直樹『憲法第九条』岩波書店、一九八二年、四四頁）

このように非武装中立は日本国憲法を厳格に解釈したものであり、そこには当然のこととして「自衛隊違憲」が内包されていました。小林の報告によると、日本国憲法制定初期には、政府ですら学会のこの考えと同じでした。その例を、小林は日本共産党野坂参三議員の質問に対する吉田茂首相の「国家正当防衛権の発動としての戦争すら認めない」という答弁を引きながら語っています。（同上、四五頁参照）この時点での公的第九条解釈は、自己防衛のための戦争すら認めていないのですから、現在とは隔世の感があります。この頃、日本人はみんな夢の中にいたのかもしれません。

自衛のための戦争すら否定する吉田のこの答弁は、日本国憲法制定当時、瞬間的に成り立ちえたものです。マッカーサーがはっきりと自衛のための戦力保持と交戦権を認め始める（夢の終わり）とともに、この答弁は否定されていきました。

### （3） 第九条の発案者

ここで少し横に逸（そ）れて、日本国憲法第九条、戦争放棄条項の発案者について一言触れておきます。巷間には、日本国憲法はアメリカの理想主義に燃える青年たちが作った憲法であって、自主憲法ではないと考える人も多くいます。このことについて、深く詮索はしません。しかし、憲法にまったく日本人が関わっていないわけではありません。とりわけ、九条の戦争放棄の発案者については、総理大臣を務めた幣原喜重郎（一八七二―一九五一）ということになっています。問題は、幣原がどの程度の関与をしたのかということであります。先述した小林は「幣原の発想を明文化し、憲法草案の正文にまで持ち込んだのはマッカーサーであったということになる」（同上、三三頁）と報告しています。戦争放棄条項は幣原が発想し、それにマッカーサーが同意して生まれたということになります。そうだとすれば、マッカーサーの同意なしにはこの条項は生まれなかったとしても、確実に日本国憲法第九条に日本人が関わっていることになります。ただ、マッカーサーはこの後すぐに東西対決、朝鮮戦争という現実に引き戻され、戦争放棄という考えから離れることになります。とするなら、戦争放棄条項は、戦争直後の深い反省とそれが作り出す一瞬の出来事だったのではないか。そういう「淡き夢」だったのではないかという感慨が頭を過ぎります。

### （4）マッカーサー『回顧録』が語る新憲法誕生

日本国憲法第九条の発案者については、一応右のように理解しておきましょう。そしてここでは、マッカーサーがこれについてどのように語っているのか『回顧録』に従って確認しておきましょう。

周知のように、日本国憲法は大日本帝国憲法の改正されたものです。決してゼロから新たに作り出されたものではありません。とはいえ、両者はまったくの別物です。マッカーサーは戦前の日本の体制を「世襲の独裁制」と考えていました。また、国民に基本的人権はなく、国民自身もそのような人権の存在すら知らないと見なしていました（『回顧録』四四九頁参照）。したがって、マッカーサーは大幅な憲法改正の必要を感じていました。しかし、「憲法改正は日本人自身が他から強制されずに行うべきもの」（『回顧録』四五〇頁）であるという認識が、マッカーサーにはありました。そこで彼は、一九四五年一〇月総理大臣幣原喜重郎に命じて「憲法問題調査委員会」を作らせます。しかし、その委員会から出てきた最初の改正案は、改正案ではなく改悪案でしかありませんでした。その例としてマッカーサーが挙げている天皇の地位についての条文は、「神聖にして侵すべからず」が「最高にして侵すべからず」に変わっているだけでした。（『回顧録』四五一頁参照）そこでマッカーサーは「新しい進歩的な憲法」（『回顧録』四五三頁）作りを指示し、出来上がった憲法草案を日本中に公表しました。

四月　総選挙
八月　衆議院新憲法可決（多くの修正が加えられましたが、基本は変わらず）
九月　貴族院新憲法可決
十一月　天皇により新憲法公布
翌年（一九四七年）五月　新憲法発効

マッカーサーはこのようにして誕生した新憲法を「占領軍が残した最も重要な成果」（『回顧録』四五五頁）と語っています。そして、極東委員会が憲法づくりに関与していれば、ソ連の拒否権で新憲法はできなかったであろうと付け加えています。
右のような前置きの後で、マッカーサーは新憲法と自分との関わりをそぞろ語り始めます。まず、マッカーサーは新憲法の「戦争放棄」条項は、自分が個人的に日本に押し付けたものであるという批判的噂を一蹴します（『回顧録』四五五頁参照）。そして「戦争放棄」条項、つまり憲法第九条は、一九四六年一月二四日正午にペニシリンのお礼で訪れた幣原喜重郎の申し出によるものであると、以下の様に断言しています。

首相はそこで、新憲法を書上げる際にいわゆる「戦争放棄」条項を含め、その条項では同時に日本は軍事機構は一切もたないことをきめたい、と提案した」（『回顧録』四五六頁）

幣原はその提案の理由として以下のことを挙げたようです。「そうすれば、旧軍部がいつの日かふたたび権力をにぎるような手段を未然に打消すことになり、また日本にはふたたび戦争を起す意志は絶対にないことを世界に納得させるという、二重の目的が達せられる」（同上）と。幣原にとって、「戦争放棄」は対内部的と対外部的の二つの意味を持っていました。対内的にはふたたび軍事国家にならないという宣言。対外的には日本は平和国家として歩むという宣言。裏表同じことではありますが。
この宣言に対するマッカーサーの反応。

私は腰が抜けるほどおどろいた。（中略）この時ばかりは息もとまらんばかりだった。戦争を国際間の紛争解決には時代遅れの手段として廃止することは、私が長年熱情を傾けてきた夢だった。

（『回顧録』四五七頁）


ここで「戦争放棄」がはっきりとマッカーサーの「夢」として語られています。マッカーサーはアメリカ政府から原爆のことについてまったく何も知らされていませんでした。原爆のことを知ったのは、広島投下の前日でした。彼は原子爆弾のすさまじい威力を伝え聞き、彼の戦争嫌悪感は最高度に高まっていました。「原子爆弾の完成で私の戦争を嫌悪する気持ちは当然のことながら最高度に高まっていた」（同上）。この時期であるからこそ、マッカーサーは「夢」を語りえたのだと、私は考えています。右で私は、マッカーサーが憲法問題調査委員会の改正案に業を煮やして、「新しい進歩的な憲法」作りを指示したと述べました。その際、彼はホイットニーに以下の三点を盛り込むように指示しました。

一、天皇は国の元首の地位にある。
二、国権の発動たる戦争は、廃止する。
三、日本の封建制度は廃止される。（『二千日』二〇一―二〇二頁）

マッカーサーの指示メモには、はっきりと「戦争廃止」が盛り込まれていました。

マッカーサーの『回顧録』は、彼の夢、彼の原爆に象徴される戦争への嫌悪感を聞いた幣原の具体的な対応を伝えています。

　私がそういった趣旨のことを語ると、こんどは幣原氏がびっくりした。氏はよほどおどろいたらしく、私の事務所を出るときには感極まるといった風情で、顔を涙でくしゃくしゃにしながら、私の方を向いて「世界は私たちを非現実的な夢想家と笑いあざけるかもしれない。しかし、百年後には私たちは預言者と呼ばれますよ」といった。（『回顧録』四五七頁）

マッカーサーの夢に呼応する幣原の様子が手に取るようにわかります。マッカーサーによる『回顧録』は右のように、まず幣原が「戦争放棄」と「戦力不保持」を提案し、それを支持する形でマッカーサーがその提案に呼応し、日本国憲法第九条が作成されたことを伝えています。

マッカーサーは第九条を「人間のもつ基本的な性質に反する」という批判に対して、第九条は「最も道義的なもの」であると擁護します。そしてそれは連合国の指令に基づくものであるとその正当性を主張しています。その上で、自衛権の行使は断固として認めています。

　世界情勢の推移で、全人類が自由の防衛のため武器をとって立上がり、日本も直接攻撃にさらされる事態となった場合には、日本もまた、自国の資源の許す限り最大の防衛力を発揮すべきである。憲法第九条は最高の道義的理想から出たものだが、挑発しないのに攻撃された場合でも自衛権をもたないという解釈は、どうこじつけても出てこない。（『回顧録』四五八―四五九頁）

ここでマッカーサーははっきりと「自衛のための戦争」を認めています。先述した吉田茂の国会での答弁は「自衛権の行使としての戦争」も否定していました。その答弁とマッカーサーのこの声明とを比較すると、両者は矛盾するように見えます。たしかにそう見えるとしても、マッカーサーも第九条作成時には、理念としては「自衛権の行使としての戦争を含むいかなる戦争」も否定していたのではないかと、私は考えています。しかし、それと同時にそれはあくまでも理想＝夢であって、現実には「自衛権の行使としての戦争」は認めざるを得ないという認識を伴っていたのではないかとも、私は考えます。なるほど、先の声明の前に彼は具体的に「もし必要な場合には防衛隊として陸兵十師団と、それに見合う海空兵力から成る部隊を作ることを提言した」（『回顧録』四五八頁）と述べています。これは自衛隊の最初の構想ではないでしょうか。だから第九条を考えるときは、理念（理想）と現実を分けて考えるようにしなければならないということを、マッカーサーの矛盾から読み取ることができます。

さて、やがて東西対立が激しくなり朝鮮戦争が始まると、この自衛のための兵力保持構想は「自衛隊」として現実味を帯びてくるのです。また、マッカーサーは朝鮮戦争において原爆使用を考えていたことがよく指摘されますが、このことはいつでも核戦争の可能性があるという事実を私たちに示していると考えなければなりません。「戦力保持」の道を一旦選択すれば核兵器にまで行き着くのか、もしそうだとしたら「戦争放棄」と「戦力不保持」はやはりセットでなければならないのではないか。そういうことを真剣に考えるならば、第九条に「直接攻撃にさらされた場合は」という但し書きは不必要な気もします。しかし、マッカーサーはその但し書きを胸にしまいこみながら、理念を憲法に書き込んだのです。戦後というのびやかな気分が、そうした冒険を許したのだと考えざるをえません。

## (5) 本当のところ

前項で、第九条は幣原喜重郎の提案を受け、マッカーサーがそれに同意することによって成立したと記述しました。そうすると、日本国憲法第九条は日本側の発案で作られた自主憲法ということになり、護憲派からは大いに歓迎されるでしょう。一方、自民党の結党は自主憲法制定を一つの目的としてなされたのですから、自主憲法制定派には少々都合の悪いことになります。第九条は「本当のところ」どうやってできたのでしょうか。

『回顧録』で解説を書いている増田弘は、第九条の幣原提案説を否定し、マッカーサー説を支持しています。増田はGHQ民生局でホイットニーの下の次長であったケーディスに直接訊ねたところ、幣原説を「その可能性はない」と言下に否定したそうです。そこで増田は、憲法草案への指示はマッカーサーが口述しホイットニーが筆記したものである、と主張します。とすれば、憲法第九条はマッカーサー単独説が有力になります。それなら、なぜマッカーサーは幣原をわざわざ持ち出す必要があったのでしょうか。増田は、ワシントンの統合参謀本部から憲法改正を指示されたわけでもないのに独断で改正を行ったマッカーサーが、それをカムフラージュするために、幣原のカーテンを使ったのだと結論づけています（『回顧録』五二六―五二七頁参照）。

それでは『二千日』を書いた袖井林二郎は、いかなる立場をとるのでしょうか。袖井は、幣原説、マッカーサー説半々であるという前提から出発しながら、マッカーサー説に軍配を上げています。その理由の一つは幣原の言説。幣原は側近の村山有に「戦争放棄はわしから望んだことにしよう、翻訳憲法を鵜呑みにしたと後から非難されないように」というようなことを語っているそうです。この証言を基に袖井はマッカーサー説に軍配を挙げています。袖井はその傍証としてフランク・リゾー大尉の証言も付け加えています（『二千日』二〇四―二〇五頁参照）。

袖井はさらに人間マッカーサーに目を向け、終戦直後のマッカーサーノートと死を間近に控えた一九六〇年代前半に書かれた『回想録』の時間の流れに着目しています。マッカーサーノートではもっきりと「自己の安全を保持するための手段としての戦争をも、放棄する」と明言しています。それに対して、回想録では前項で述べたように「もし必要な場合には防衛隊として陸兵十師団と、それに見合う海空兵力から成る部隊を作ることを提言した」（『回顧録』四五八頁）とあるように、「自衛のための戦争」容認が但し書き風に付け加えられています。この時間を隔てた変更は、日本国憲法成立から間もなくして朝鮮戦争が勃発し、戦争放棄を断念せざるを得なかったマッカーサー自身の「不名誉」、「心の傷」を幣原に転化することによって糊塗しようとしたのではないかと袖井は推測しています。

増田、袖井両人ともマッカーサー説を採用しています。その採用の理由として、増田はマッカーサーの本国との政治的かけひきを挙げ、袖井はマッカーサーの軍人としてのプライドを挙げています。私はいずれの理由もそれなりの根拠を持っていると考えます。そして両論は両立しうると思います。

私自身は前項で書いたように、マッカーサーの中には「自衛権の放棄」も「自衛権の行使容認」もあったが、終戦直後という一つの特殊な時代精神が「自衛権放棄」を第九条に潜り込ませたのだと考えています。

以上が「本当のところ」であるのかもしれません。しかし、幣原喜重郎の名誉のために少し付け加えておきたいと思います。隠居生活に入っていた老幣原は、一九四五年一〇月六日、突然昭和天皇から組閣の大命を受けます。思いもよらぬ大命でしたが、幣原は最後の力を振り絞ることになります。この内閣の最重要課題は、幣原自身も語っているように、新憲法の起草でした（幣原喜重郎『外交五十年』中央公論新社、一九八七年、二〇一五年、二一四―二一七頁参照）。

幣原は新憲法起草のモチーフになった終戦の日の帰宅途中のある出来事を、次のように述べています。終戦の玉音放送を聴いた三〇代の男の電車の中での叫び。

　一体君は、こうまで、日本が追いつめられたのを知っていたのか。なぜ戦争をしなければならなかったのか。（中略）何だ、無条件降伏じゃないか。足も腰も立たぬほど負けたんじゃないか、おれたちは知らん間に戦争に引き入れられて、知らん間に降参する。自分は目隠しをされて追い込まれる牛のような目に逢わされたのである。怪しからんのはわれわれを騙し討ちにした当局の連中だ。（同上、二二八頁）

この男の言葉を感動して聞いた幣原の反応。幣原はこの「目隠しをされて追い込まれる牛」の叫びを至極当然のことと理解し、これをモチーフにして「軍備全廃の決意」を固めます。以下は、幣原が「公人としての私の回顧の記録」（同上、二三三頁）として語った武装放棄につながる言葉です。

> 今の戦争のやり方で行けば、たとえ兵隊を持っていても、殺されるときは殺される。しかも多くの武力を持つことは、財政を破綻させ、従ってわれわれは飯が食えなくなるのであるから、むしろ手に一兵をも持たない方が、かえって安心だということになるのである。日本の行く道はこの他にない。わずかばかりの兵隊を持つよりも、むしろ軍備を全廃すべきだという不動の信念に、私は達したのである。（同上、二三二頁）

見事な非武装宣言です。ここには単なる決意表明だけでなく、その財政上の論拠も示されています。第一部第四章で論じる宮田光男の視点に通じる慧眼（けいがん）です。私はこれほどの熱い決意をもっていた幣原の非武装論は、マッカーサーの夢に少しもひけをとらない堅固さをもっていたと思います。だから、日本国憲法第九条幣原喜重郎発案説を完全には否定できないのです。

# 第二章　マッカーサーの夢のしずく、非武装中立論を考える

## 第一節　非武装中立論について

### （1）非武装中立論とは何か

非武装中立とは、なんとも魅力的な考えです。武器をいっさい保有せず、いかなる国とも軍事同盟を結ばず、紛争を解決する手段としての戦争を放棄するという身軽で独立独歩の理想国家が見えてきます。自由民主党（保守）と日本社会党（革新）という二大政治勢力が覇を競った五五年体制のもとでは、「非武装中立」はそれなりの説得力をもった有力な防衛構想と考えられており、多くの国民に支持されてもいました。「非武装中立論」は元々日本社会党の防衛構想ではありますが、日本社会党の石橋政嗣（いしばしまさし）（一九二四―、日本社会党の書記長や委員長を務めた労働組合出身の政治家）が唱えた一つのユートピア論でもあります。私はこの非武装中立論を思い返し、それがいかなるものであったか確認すること

から始めようと思います。石橋には『非武装中立論』（石橋政嗣『非武装中立論』日本社会党中央本部機関紙局、一九八〇年）という一世を風靡した著作があります。この著作を通して、非武装中立論を確認しておきましょう。

まず、『非武装中立論』で、石橋が非武装中立をどのように立論しているのか確認しておきます。非武装中立論は、まず「〈安全保障においては〉非武装中立の方が武装同盟よりベターだと考える」（『非武装中立論』六四頁）というテーゼ（綱領）から始まります。そして、このテーゼを立てる根拠がそれに続きます。まず第一の根拠として挙げられているのが、「周囲を海に囲まれた日本は、自らが紛争の原因を作らない限り、他国から侵略される恐れはない」（同上）ということです。「海に囲まれているから日本は他国から侵略されない」ということが、非武装中立をテーゼとして立てる第一の根拠です。第二の根拠を簡単に要約すれば「貿易によってしか生きる道のない日本は、いかなる理由があろうと戦争に訴えることは不可能である」（同上、六五頁）ということになります。貿易立国日本にとって戦争は不利益しかもたらさない。だから日本は戦争をしない。故に武装する必要はない。こういう推論から非武装が導かれています。非武装中立というテーゼを支える二つの根拠は現在では（当時でも?）あまり説得力をもっていません。第一の理由は、宇宙空間をミサイルが飛び交う現在においては、もはやいかなる説得力も持っていません。石橋が第二の理由の根拠にしているのが、そもそもシーレーンなど広範囲に及ぶ防衛は不可能（同上、六七頁参照）であるから、軍備をもっても仕方がないということです。この理由に対しては、湾岸戦争において海上自衛隊が機雷除去などによってシーレーンを確保した事例は、その反論になるでしょう。つまり、第二の理由も根拠薄弱ということになります。

しかし、ここで最も重要な論点は、非武装中立論が理念や理想として語られているのではなく、現実的事柄として語られているという点です。非武装中立の方が武装よりも安全保障に関しては「よりベター」（「よりベター」は比較級を重ねているので、「よりよい」でいいのではないか）なのです。「よりベター」という表現は、一般に二つの商品を比較して「どちらが費用対効果があるか」というような比較可能な場合に使われます。だから、石橋非武装中立論においては、現実（実際）に非武装の方が武装よりも、「相対的に、より国の安全を確保できる」と主張されているのです。難しい表現をすれば、ここでは「武装」と「非武装」が同一の「現実性」のカテゴリーで扱われているのです。「非武装」は「武装」の単純否定でありますが、「武装」とはレベルの異なるカテゴリーに帰属するものと考えるべきではないでしょうか。「武装」のカテゴリーに所属するのは、「軽武装」、「重武装」、「核武装」などです。「非武装」は「武装」とは異次元の存在なのです。ここでは、理想であるべきものが現実の問題群の中で現実のこととして語られているのです。ここに石橋非武装中立論の弱点があると、私は考えています。《実は、ここには、現実を無視し、それによって現実の壁を無きものとし、それによって理想に肉薄するという夢のような魅力もあるのですが。》

だが、石橋とて、非武装中立を政治的に実現するための過程を語るときには、非武装中立を「第一の目標」（同上、七八頁）として立てています。そしてこれを「当面の処理」である第三の目標の「究極の目標」とします。ここでは非武装中立は、現実の諸問題、例えば現に存在している自衛隊を処理していくときの方向を定める統制的理念として働いているようにも見えます。一応、理想の現実化をこのように考えてはいます。しかし、石橋非武装中立論が、それでも非武装中立を現実の到達目標として設定していることに変わりはありません。

以上で非武装中立論の骨格となるところを確認し、その問題点と思われるところを指摘しました。

## (2)　非武装中立論は絶対的平和主義である

ここで非武装中立という立場が平和主義のなかでどのようなところに位置づけられるのか確認しておきましょう。非武装中立は武装を否定するのですから、日本国憲法成立時そう考えられていたように、一切の物理的強制力を否定することになります。平和主義とは、現実主義、軍事主義、好戦主義に対置される考え方です。他方、一切の物理的強制力を否定する平和主義は、絶対的平和主義とか、絶対的非暴力主義と呼ばれています。

この絶対的非暴力主義を極北にして、平和主義もいくつかに類別できます。例えば、「自己防衛に限り物理的強制力行使を認める立場（自己防衛的平和主義）、公共領域において法強制のための警察力という物理的強制力の行使までを認める立場（非軍事的平和主義）、抑止のための軍事力を持つことを許容する立場（非戦的平和主義）、自衛のためにのみ軍事力の行使を許容する立場（公共的平和主義）」（眞嶋俊造『民間人保護の倫理　戦争における道徳の探求』北海道大学出版会、二〇一〇年、ⅲ頁）。現在の日本政府の防衛構想はこれら現実的な相対的平和主義の枠の中にあると言っていいでしょう。

これらはいずれも積極的に戦争を行う立場ではないから、平和主義（広義）と呼んでもいいでしょう。だが、これらはいずれも平和であるために、何らかの暴力を担保している立場です。これらに対して絶対的平和主義（狭義）、非暴力主義は、その他の平和主義（非軍事的平和主義の警察力保持は除く）から独立し屹立しています。広義の平和主義が平和のために何らかの現実的対応を打ち出しているのに対し、狭義の平和主義はいかなる現実的対応も否定しています。また、いかなる対応もしないことが真の平和につながるという理想主義なのです。

### (3) 非武装中立論と日本社会党

非武装中立論を党是としていた日本社会党は、いまや消滅の危機にあります。日本社会党はなりふり構わず非武装中立という党是を捨て、自民党などといわゆる「自社さ」連立政権を組んだことが、その原因であると言われています。これが社会党消滅への先駆けになったとよく言われます。こうした動きの中で非武装中立論は決してまったく消えてしまったわけではありませんが、厳しい現実に圧(お)されて消えかかっているように見えます。

しかし、実は連立政権を組んだことよりも、非武装中立論を主張し続けたところに、日本社会党崩壊の深い原因があると、私は考えています。というのも、現実の生活に関わる議会政党である日本社会党が、現実よりも理念としての抽象的正義を選択し、しかもこの理念こそ現実であるとして、絶対的平和主義を主張し続けたところに、その消滅への危機の原因を見ることができるからです。こうした洞察は決して不合理なことではないと思います。日本社会党消滅の可能性は、その平和論自体の中に、最初から胚胎されていたのだと考えることもできます。もちろん、政権に参加するために、手の平を返すように非武装中立の立場を捨てたことも日本社会党衰退の一因であることも決して否定しません。

## 第二節　非武装中立論は人間に過剰な理想を強いるドグマではないか

さて、「非武装中立」は文字通りに「まったく武装することなく、そして他国と軍事同盟を結ぶことなく中立を保持すること」と理解していいでしょう。とするなら、助けてくれる国もなく武器もないのに、どうして国を守るのかということを議論しなければならなくなります。巷には絶対的非暴力主義を唱える善き人がまだ多数存在します。

しかしながら、絶対的非暴力主義は、いついかなる場合にも暴力を行使してはならないという、マハトマ・ガンジーのような神の如き人しか実践できない考えではないでしょうか。このように一切の暴力を否定する絶対的平和主義を、眞嶋は「ドグマ（独断）」（同上、iv頁）と呼びます。なぜなら、そこではなんらかの暴力を使って回復される正義や善がすべて否定されているからです。アルカイダやイスラム国や日本赤軍の暴力は抑止されなければなりません。しかし、絶対的平和主義ではそれらの暴力に対抗し、それらを抑制することができないし、してはいけないのです。絶対的平和主義は「非暴力こそ絶対的正義」であるという主張の下、平和への具体的努力を一刀両断に切って捨てていると言ってもいいでしょう。

それでもなお、このような善き人に、次のように問うてみましょう。「君の目の前で北朝鮮の工作員に君の子供がさらわれようとしているとき、君は力づくで取り戻そうとしないのか」と。しかし、このような問いかけは非武装中立論華やかなりし頃は、真剣な議論の対象にはなりませんでした。というのも、日本を取り巻く状況が現在とは全く異なっていたからです。つまり、この当時日本の周りには実質的・現実的に日本の安全を脅かす国はなかったのです。日本はがっちりとアメリカの核の傘に守られていると、多くの人が確信していました。

しかし、それ以上に非武装中立論の是非を問うことが議論の対象にならない、真の深刻な理由がありました。それは東西のイデオロギー対立です。左右のイデオロギーがぶつかっていた冷戦時代（第二次世界大戦終結から、一九九〇年の東西ドイツ統一や、それに続くソ連解体まで続いた東西両陣営の対立の時代）には、どちらの陣営に付くかで双方にとっての善悪が決まってしまいました。したがって、議論はそこでストップしてしまい、絶対的非暴力主義の是非が本質的な議論にまで高まることはなかったのです。あるいは次のように言った方が正しいかもしれません。それによって、絶対的非暴力主義の脆弱性が暴露されずに済んだのだと。

それにしても、非武装中立論者が右の問いを真剣に問われたとしたら、どのように答えるでしょうか。非武装中立論者は苦し紛れに「こうした暴力を使わなければならないような状況が起こらないようにすることが大事だ」と答え、それを手始めにさらに空虚な平和論を続けるでしょう。このような回答の仕方が、当時の常套手段でした。この回答を直接石橋の言葉から引いておきます。

攻めるとか、攻められるとかいうような、トゲトゲしい関係にならないように、あらゆる国、とくに近隣の国々との間に友好的な関係を確立して、その中で国の安全を図るのだ。（中略）降伏した方がよい場合だってあるのではないか。（後略）（石橋、同上、六九頁）

これは私の推理と見事に符合した論理で成り立っている宣言です。しかも「降伏した方がよい場合もある」とは、ある種の信仰告白のようなものです。でもいずれにしろ、この論理は議論の中身の「すり替え」にすぎません。暴力を認めるのかどうかという問いにはまったく答えていません。大事なことはそういう「すり替え」ではなく、真正面から問いに対峙することです。例えば、第一章第四節(4)でマッカーサーに対する「第九条は人間のもつ基本的な性質に反する」という言葉を紹介しました。この言葉の意味は、「人間は生物として殺されそうになったら、自分の命を守るために相手を殺す」存在であるという意味です。したがって、憲法第九条を絶対的平和主義として解釈するなら、その解釈は人間の「本性」（nature）に反しているという意味です。この問いかけに真剣に答えようとするなら、まずは手始めにそもそも「人間理性に絶対的非暴力は可能か」と問い、「可能である」と論証しなければならないのではないでしょうか。「人間には絶対的非暴力が可能である」ことを、「私は期待する」では論証にはならないと思います。

だが、私たちはこの問いに「絶対的非暴力は可能だ」と肯定する経験を持ち合わせてはいません。私たち近代人は「啓蒙（的理性）が野蛮に転化する」事態を、フランス革命（ブルジョア革命）ばかりでなく、多くの社会主義革命（プロレタリア革命）などの激動の歴史の中に幾度も確認することができます。フランス革命においては、「自由、平等、博愛」という啓蒙的理性が求める理想が、血なまぐさい弾圧やテロ合戦の根拠となりました。教会（カトリック）の破壊、王家のギロチン、ジャコバン独裁、ロベスピエールの暗殺、数えればキリがありません。社会主義革命では、民主主義という啓蒙的理想が多数者による独裁に正当性の根拠を与えました（ケルゼン『デモクラシーの本質と価値』西島芳二訳、岩波書店、一九六六年、一二三頁以下参照）。そして独裁者は多数者の支持があることを名目にして、反対者の抹殺を正当化しました。ロシア革命後のソ連におけるボルシェヴィキ独裁、その徹底としてのスターリン独裁、中国文化大革命、カンボジアのポル・ポト政権のすさまじい殺戮。私たちは過剰な理想が、過剰な暴力を産んできた歴史をよく知っています。そしてさらに、八紘一宇（はっこういちう）とか大東亜共栄圏という途方もない理想を臆面もなく掲げることができた神国日本もそうした歴史の中に算入できるでしょう。そのような歴史を無視して、非武装中立論は人間に人間を超えた能力を仮託し、それを引き受けることを求めているのではないでしょうか。そうだとすれば、それこそ非暴力主義がドグマと呼ばれる所以ではないでしょうか。

## 第三節　Conversation-stopper（対話停止装置）としてのドイツ基本法第一条と非武装中立論

以前、文科省の科学研究費をいただいて生命倫理学、とりわけ先端医療が抱える倫理的問題を研究していました。その頃、ドイツを始めとするヨーロッパの生命倫理学者としばしば共同研究を行いました。いまでは山中伸弥教授のｉＰＳ細胞研究による新知見が待望されるほど、この領域についての社会的認知は進んでいます。しかし二〇〇〇年代初めには、体細胞に由来するｉＰＳ細胞とは異なっているＥＳ細胞（胚性幹細胞）などはその倫理性に問題ありということで、とくにドイツではＥＳ細胞研究がやりにくくなっていました。そのころドイツの研究者は「先端的研究をやろうとしても、ドイツ基本法第一条があって、自由に研究しにくい」と嘆いていました。

ドイツ基本法第一条〔人間の尊厳〕は三項から成っています。その内の二項は以下の通りです。

(1)　人間の尊厳は不可侵である。これを尊重し、かつ、保護することは、すべての国家権力の責務である。

(2)　それゆえに、ドイツ国民は、世界のすべての人間共同体、平和および正義の基礎として、不可侵にして譲り渡すことのできない人権を信奉する。

（『解説　世界憲法集』第4版、樋口陽一・吉田善明編、三省堂、一九八八年、二〇〇四年、一九三頁）

この条項はナチス・ドイツが行ったユダヤ人大量虐殺に対する、ドイツの深い反省に由来します。その意味で、この第一条はドイツの憲法であるドイツ基本法の基本中の基本です。だから、ドイツ人はこの基本を決して否定しません。しかし、科学の進歩や政治状況の変化は時として基本法第一条すら煩わしいものにしてしまうのです。

周知のように、胚性幹細胞（ES細胞）は受精卵を破壊することによって作られます。受精卵は発生を始めるとすでに一個の生命ですから、このES細胞の作成は生命を破壊することによって初めて可能なものになるのです。とするなら、この作成はドイツ基本法第一条「人間の尊厳は不可侵である」を侵犯する可能性を持つことになります。もし、第一条を侵犯すると判断されるなら、ドイツではES細胞を使った先端的研究は不可能になります。ドイツ基本法第一条(1)の後半で、「人間の尊厳」を保護することは「国家の責務」である、と明確に規定されています。したがって、国家は「人間の尊厳」侵犯に対しては厳しく対処し、違反行為にはストップをかけなければなりません。だから、ドイツの生命倫理学者、ディーター・ビルンバッハーなどは、ドイツ基本法第一条をConversation-stopperと呼ぶこともありました。ドイツ基本法第一条は、あたかも水戸黄門の印籠の様なもので、印籠を目の前で翳（かざ）されると、平伏し従うしかありません。

もちろんそうなったら、科学技術大国ドイツは大変なことになります。当時、ドイツは次のような体制を整えて、第一条に抵触する可能性のある先端的研究も行えるようにしました。まず、二〇〇二年には「人間の胚性幹細胞の輸入と利用に関して胚保護を確保するための法律」を成立させます。この法律は、通称「幹細胞法」（Stammzellgesetz）と呼ばれています。この法律の第一条でその目的が語られています。その目的は「人間の尊厳と生きる権利を尊重、保護し、かつ研究の自由を保障する」ことと規定されています。ドイツでは、この法律の制定によって「研究の自由」も保障するという仕方で、ＥＳ細胞研究が可能になりました。この法律は申請主義を採っています。研究者はまずロベルト・コッホ研究所に申請します。そしてその申請書類の審査を最高議決機関としての「幹細胞研究のための中央倫理委員会」が行います。ドイツではこのような体制を整えることによって、ＥＳ細胞研究に道を開いたのです（拙稿「応用倫理研究教育と政治」、広島大学応用倫理学プロジェクト研究センター『ぷらくしす』通巻八号、二〇〇七年、四一頁参照）。

前節で非武装中立論がもつConversation-stopperとしての性格（非暴力こそ絶対的正義）について述べました。それにもう一つ、非武装中立論が持つConversation-stopperとしての性格を付け加えておきましょう。非武装中立論は自分が「あるべきだと考える」人間像を「すでに在るもの」として主張しています。つまり、「人間理性は暴力的であるべきではない」から、「人間理性は非暴力的である」へといつのまにか昇格させられるのです。こうなると、非武装中立論はもう立派なConversation-stopperです。「そうなのだ」と言われれば、もう平伏するしかなく、それ以上議論は進まなくなるのです。

もちろん、ドイツ基本法第一条と非武装中立論の守備範囲とその質は異なります。前者は人間存在全体に関わり、後者は軍事に関わります。しかも、前者は「人間の尊厳」を擁護されるべきものとして位置づけています。それに対して、後者は「人間の尊厳」を発揮されるべきものとして捉えています。前者は「人間の尊厳」を「まだないもの」として捉え、後者は「人間の尊厳」を「すでにあるもの」として位置づけています。「まだないもの」を「すでにあるもの」として錯覚するとき、人間に過剰な期待が寄せられます。人間はこの過剰な期待に沿うことはできません。そういう期待は危険ですらあります。ドイツ基本法第一条は国民を保護しますが、非武装中立論は国民を危険にさらす可能性すらもっています。こう言ってしまったら、言い過ぎになるでしょうか。

本章では、これまで非武装中立論を批判的に論じてきました。その批判の眼目は、非武装中立はユートピアであるにもかかわらず、それが現実として論じられているところにありました。しかし、非武装中立論は戦後すぐという深い反省の季節に、世界の人々が（マッカーサーでさえ）これこそ絶対的正義だと確信した思想であったのも事実です。私たちは非武装中立論を空想として簡単に捨て去ることもできますが、私たちがしっかり押さえておかなければならないところもあるのではないかと、私は考えます。マッカーサーは、自分が一瞬でも「戦争を放棄する非武装国家」を現実に採用したことを不名誉と恥じました。たしかに軍人としてはそうであるかもしれません。しかし、人間としては恥ずべきことではないのではないでしょうか。そういう意識を持って以下でも、折に触れて非武装中立論を論じたいと思います。

## 第四節　戦争の論じ方

ここで少し話の方向を変えて、戦争の論じ方について考えてみます。一般に哲学や倫理学はとても難しい学問であると考えられています。なぜなら、哲学や倫理学は答えにくい、あるいは答えることができない問いを問うからです。「善とは何か」とか「存在とは何か」とか。そういう問いを問う哲学の中でも、近代哲学は特に難しいと言われています。なぜなら、近代哲学はある問題を議論するにしても、直接すぐにその問題を扱うのではなく、まずその前提条件を問うことから始めるからです。例えば、「存在とは何か」という問いに答えるためには、まず私たちは「どのような仕方でそれを知るのか」とか「それをどこまで知ることができるのか」などの認識の起源や範囲や資格などを吟味しなければならないからです。ドイツの大哲学者カント（一七二四―一八〇四）は、そうした前提を問う哲学的領域を「批判」（Kritik）と呼びました。私は戦争や平和の問題を議論するときも、この「批判」（前提条件などを冷静に吟味する働き）を欠いてはならないと考えています。

既述の「人間理性に絶対的非暴力は可能か」という問いは、まさしく現代流の「批判」と言えます。加藤尚武は一五年も前の二〇〇三年にまとめられた『戦争倫理学』（ちくま新書）の「まえがき」で、平和や戦争を論じる際にこのような批判的議論が欠如していると語っています。さらに欠如しているどころか「まことしやかな、かっこいい、まやかしの議論」が横行していると言います。私たちは

「人間理性に絶対的非暴力は可能か」という問いに対して、すでに本章第二節でフランス革命などの歴史を俯瞰し、それは「経験的には」不可能であると結論づけてみました。非武装中立論者は、経験的には証明できないが、「本来的には」人間はもともと暴力的ではない、なぜなら人間が暴力をふるうときには痛みを感じるじゃないか、それが証拠だ、と主張するのでしょうか。いったい人間にいかほどの道徳的理性があれば、暴力をふるうことはないのでしょうか。むしろ、歴史は人間には道徳性などちっとも備わっていないことを証明しているように見えますが。

あるいは逆に、「人間同士は必ず対立し、相争う。その争いに戦争こそが決着をつけることができる。だから争いに決着をつける人間の暴力性を是認すべきである」と主張する人もいます。それならそういう人には、「君は自分の愛する人を殺す暴力も認めるのか」と訊ねてみましょう。このような具体的な問いに冷静に向き合い議論するときに、たんなる「べき論」ではない人間の真実の立場が現れてくるのではないでしょうか。加藤はまさしくこのような立場に立って『戦争倫理学』を著しました。彼はその著で「戦争について考える上で必要な論点」をすべて示したので（「批判」を通して議論の準備と整理は済ませたので）、これを基にして「冷静な論争の方法と習慣」を作ってもらいたいと語っています。（『戦争倫理学』八頁参照）加藤は批判の結論を六つの論点にまとめています。この六つの論点は現在でも、いや現在でこそ有効な論点であります。ともあれ、この六つの論点を以下に掲げておきます。

①貧困や人権侵害も重大な問題であるが、戦争を克服すべき独立の目標としてとらえなくてはならない。
②人類は永久の平和を達成するように努力しなくてはならない。
③民主主義の体制が成立しても、戦争を防ぐのに十分ではない。
④戦争を有効に終結させる平和的な手段の開発が必要である。
⑤すべての軍事的先制攻撃は不正である。
⑥戦争を有効に終結させる平和的な手段がない場合には、すでに発生している戦闘を停止させるための戦闘行為は正当である。（同上）

以上の六つの論点のうち、②と⑤は平和のための理想主義的目標と考えることができます。⑤は一見戦争を防止するための現実的具体的条件のように見えますが、軍事的先制攻撃が一切なくなったら、ほとんどの戦争は起こらないから理想主義的目標と言ってもいいのではないでしょうか。③、④、⑥では戦争に対する現実的対応が示されています。非武装中立論者あるいはいわゆる進歩的知識人は、「何てことを言うのだ、戦争をやめさせるための戦争を認めるなんて」となじりかつ嘆くことでしょう。しかし、④と⑥が導き出されることになる議論こそ、「まことしやかな、かっこいい、まやかしの議論」をしなかった結果と考えるべきです。とりわけ④と⑥は掲げられた理想を実現するための、現実的な着地点を示していると理解できます。③は、カント永遠平和論批判にもつながりますが、よく考えられた現実主義的注意書きだと考えればいいと思います。

さて、加藤は戦争目的規制（jus ad bellum）に関して、三つの立場を挙げています。①絶対的平和主義、②戦争限定主義、③無差別主義の三つです。①は前章で述べた非武装中立論の立場です。③は国家を自立的な絶対的存在と考えるヘーゲルの国家観を基礎にして、国家には戦争に対する無制限の権利があるとする立場です。加藤の戦略はこの③の立場を厳しく断罪すると同時に、返す刀で①をも批判することによって、②の戦争限定主義に居住空間を与えようとするものです（同上、三七―四一頁）。これが『戦争倫理学』の戦略であると言えます。

以下では、戦争についての「まことしやかな、かっこいい、まやかしの議論」をしないために、「戦争とは何か」を大上段にアカデミックに論じるのではなく、まずはごくごく個人的な事から始めたいと思います。

# 第三章　私たちが平和を考える時の源――家族の戦争の記憶

平和はいつも戦争とともにやってきます。でも、私にとってそれは普通考えられているように、「戦争が終わったら平和がやってくる」という意味ではありません。そうではなく、平和を考えるとき、それにはいつも戦争の記憶が同伴しているという意味です。私たちは「平和」を考えるとき、それとは反対の悪いものとして「戦争」をイメージします。そして、戦争のように悪いものではないものとして、平和をイメージします。残念なことに、私たちは戦争のイメージがなかったら、平和を想像できないのです。たぶん、私たちのイメージする平和は戦争というマイナス部分が少なくなったか、無くなったかしたイメージだと考えていいのではないでしょうか。身近な家族の話を通して戦争の悲惨さを聞くことが少なくなった昨今、ここで「私の家族の戦争」の話を通して「戦争」について考えてみませんか。そしてそれを通して「平和」についても。

## 第一節 祖母の戦争

すこし哲学的になりすぎました。これからは、私の中にある具体的な戦争のイメージについて話していきます。なぜなら、私の平和についてのイメージは、私の戦争についてのイメージから形成されていますから。私の戦争の記憶は祖母の思い出に繋がっています。祖母はなかなか男子に恵まれませんでした。でも、戦前には男子を養子にもらえば、男子（実子）に恵まれやすくなると考えられていたようです。祖母はそういう世間の教えに従って、生まれたばかりのある男の赤ちゃんを譲り受けました。この赤ちゃんは、鹿児島市にあった第七高等学校の生徒と鶴嶺女学校の生徒との間に生まれた、不義の子でした。なさぬ仲の間にできてしまった望まれぬ子の処置を、若い二人のそれぞれの両親は必死に考えたようです。たぶん多くの人たちが苦しみもがいた結果、私の祖母が母としてこの子を育てることになりました。この子は榮次と名づけられました。榮次はとても頭がよかったようです。祖母もそう言っていましたし、遺影（生きているときの元気な写真）を見ても、そう思います。榮次はとても勉強ができました。でも、家には上の学校に進めるほどの余裕がなかったので、高等小学校を出て国鉄に入ります。その後、召集令状（通称、赤紙）が来て、海軍に入隊します。出征式の前夜、祖母は三〇キロメートル以上離れた実家までリヤカーを引いて醸造元であった実家の焼酎「真砂」を取りに行き、それを近所の人たちにふるまったそうです。大西瀧治郎中将は特攻隊の生みの親としてつとに有名な海軍の軍人です。榮次は大西の直属の部下として、その身の回りの世話を担当するようになります。その頃にベトナム辺りで撮られた写真や、そこで使われていた紙幣が家にたくさん残っていました。また、榮次が勉強したくて必死の思いで手に入れたであろう早稲田大学のとても分厚い講義録も家の片隅にころがっていました。これらは他所の人にあげたり、鹿児島水害で流されたりしていまはもうありません。榮次は兵役の後半、マラリアを発症しさらに病（肺結核）を得て、南方から当時日本領だった韓国の済州島へ移され、そこで亡くなりました。死亡通知だけが家に送られてきたそうです。祖母が言うには、骨壺には出征前につんだ爪とこの通知だけが入っているそうです。

特攻隊

祖母は榮次をどんなに大切に育てたか私によく話してくれました。我が子以上に榮次を愛（いと）しんだようです。そして私によくこういったものです。「榮次が生きてさえいればこんなに苦労はしなかった」と。しかし、祖母は榮次おじさんの遺族年金（戦争で亡くなった人の遺族が生活できるように国が支払うもの、いわゆる軍人恩給の一種、正確には公的扶助料）をもらっていました。もちろん、戦病死だから、戦闘で死んだ人の年金よりは少なかったようです。とはいえ、祖母は年金が入るたびに「ありがたい、ありがたい、いつまでも榮次が助けてくれる」と言っていました。私の本棚にあるいくつかの古い全集ものは、この年金によって手に入れたものです。

祖母は済州島で病死した榮次の死に際の様子をよく話してくれました。死に際に榮次は「おっかはーん」（鹿児島弁で「おかあさん」のこと）と叫んで死んだそうです。私には榮次の悔しさがわかるような気もしますが、本当はわかっていないのだと思います。「捨てられた悔しさ」、「母と思っていた人が育ての親だと分かった時の悔しさ」、「勉強したいのに勉強できない悔しさ」、「ひとり異国ならぬ異国で死んでいく悔しさ」、生きてさえいれば晴らすこともできたはずの、この晴らすことのできなかった悔しさの原因が戦争です。この悔しさは平和でさえあれば晴らせたかもしれないのに。このように歯ぎしりしながら死んでいかざるを得なかった無数のひとりひとりの国民がいたことを私たちは決して忘れてはならないのです。

空襲後の鹿児島

また、祖母は私によく鹿児島空襲（一九四五年三月から八月にかけて八回の空襲があり、総計三三二九名の死者が出ました。最大のものは六月一七日の空襲で、一晩で二三一六人が亡くなりました）のことを話してくれました。鹿児島市の中心部（松原町）にあった山内家にも焼夷弾（建物などを焼くことを目的として作られた爆弾）が落ちて、家が全焼したこと。そのとき、おばが「焼夷弾落下」と訓練通り大声で叫んで、誰よりも早く脱出したこと。そして訓練のようには、消火のために人が助けに来なかったこと。空襲から逃げるとき、大門口（鹿児島市中心部の地名、山形屋百貨店の近く）辺りに大型爆弾が落ち、大きな穴がポッカリあいていたこと。その周りで多くの人が死んでおり、その近くで大きな馬も黒こげになっていたこと。逃げる途中で多くの人が「あいたよう、あいたよう（痛いよう、痛いよう）」と泣き叫んでいたこと。そのなかに「みっをくいやい（水をくれ）」と泣き叫んでいるいまにも死にそうな人がたくさんいたこと。こういう話を祖母に聞かされながら、私は大きくなったような気がします。私と同世代の団塊世代も私とほぼ同じような体験をもっているはずです。私の戦争のイメージは、まずは確実にこうした祖母の語る戦争から作られているのです。

## 第二節　父の戦争

榮次のおかげで、祖母はすぐに男児を授かりました。それが私の父親です。父は榮次のように聡明ではなかったようですが、兄と同じく高等小学校を出てすぐに国鉄に入ります。しかし、しばらくそこに勤めた後、予科練（戦前、海軍の飛行機搭乗員養成のために設けられた教育機関）の試験を受け、一次試験、二次試験と合格し入学します。かつて家に予科練の象徴である七つ釦（ぼたん）の制服を着た父の写真がありました。その後、どうしたことか父は特攻隊を志願し、大分航空隊に配属されます。特攻隊といっても、終戦直前はすでに航続距離の長い戦闘機はなく、航続距離の短い「雷電」という戦闘機をあてがわれました。日本に上陸してくる敵艦隊への突撃が父たちの目標だったようです。大分航空隊での訓練は相当厳しかったようです。終戦前夜別府湾に入ってきた日本海軍最後の航空母艦（日本最初の空母で当時練習空母となっていた「鳳翔」で離発着訓練を繰り返している最中、暖機運転不足で、航空母艦を離陸した父の雷電はひらひらと舞いながら大分川辺りに墜落したそうです。気を失っていた父は陸軍の憲兵に捕まり、「陛下の飛行機を壊した」ということで、営倉（罪を犯した兵隊を拘禁する兵舎内の施設）にぶち込まれ、怪我の治療を受けることもなく吊り下げられるなど三日間の拷問を受けたそうです。三日後幸いにも海軍の巡邏（じゅんら）（海軍版憲兵）に助けられ、命拾いしました。しかし、すぐさま、鹿児島の笠沙（かささ）にある震洋（木製の小型特攻ボート）特別攻撃隊への転属命令を受け移動中に終戦となり、そのまま鹿児島へ復員したそうです。《父は脳出血の後遺症で体調を壊し、病院に運ばれる途中、弟にこのことを話しました。このとき、CTスキャンで飛行機落下が原因とみられる三箇所の古い血腫の跡が見つかりました。》以上のような大失態のおかげで、父は特攻に出撃することができませんでした。その結果、父は終戦後比較的早く故郷の鹿児島市に帰ることができたのです。私がこうして存在しているのも父が無事復員できた結果に他なりません。

父が七〇代後半になったとき、父母を連れて別府温泉に遊んだことがありました。大分市内が見渡せる山腹にある公共の宿に泊まりました。父は大分市内を高台から見渡しながら、河口付近を指さし「あの辺に飛行場があったど（あったんだ）」とポツリと呟きました。しかし、父の口から「明日は足を延ばして大分に行ってみないか」という私の期待した積極的な提案は出てきませんでした。五〇年以上経っても傷は癒されていないのだと感じました。戦時中の辛くて苦い思い出は、まだ消えてはいなかったのでしょう。

## 第三節　母の戦争

母は鹿児島県の女学校を出た後、女子挺身隊（一九四三年に創設された女子勤労団体。国家総動員法の下、一四歳から二五歳までの女性が軍需産業などに勤労動員された）員として長崎県佐世保市近郊の軍需工場で働いていました。長崎に原爆が落ちた八月九日、母は女子挺身隊員でありながら、長崎市内に出張することになっていました。しかし、その当日どうしたことか突然予定変更となり、直属の上司である課長が長崎市に出張することになりました。その課長が午後になって真っ青な顔で長崎から佐世保に帰ってきて息も絶え絶えに叫んだそうです。母に「君が行かなくてよかった」と。一歩間違えば、母は長崎で原子爆弾に遭遇していました。もしそうなっていたら、私はいまここにこのように存在してはいません。

## 第四節　対概念としての戦争と平和

以上のことが、私が戦争を考えるときに、その発想の源になっている戦争の記憶とも呼ぶべき事柄です。ここでは詳しく述べられませんが、例えば日本人が中国でやった試し切りの話など、私たち団塊世代は、親類縁者から直接戦争の体験を聞くことができました。これまで述べてきたように、戦争は祖母や伯父や父や母にとてつもない苦労を強いました。私はこうした戦争の記憶から、このようなとてつもない苦労を私たちが強いられない状態を「平和」として、まずはイメージするのです。人間に「死」がなかったとしたら、人間は「生きていること」を知ることができるでしょうか。できないのです。それと同じように、戦争が無かったら、人間は「平和」を考えることも希望することもできないのです。悲しいけれども、人間の認識（ものごとを知る）構造はそうなっています。

## 第五節　父の戦争番外編

本章第四節が、本章の結論部分です。しかし、ここで番外編として、父の戦後について少し話しておきます。父は営倉に居て、特攻に行けませんでした。また営倉を出た後もしばらくして転属命令が出たため特攻に行くことはありませんでした。しかし、特攻予定者には特別食が与えられていたので、父はかなり太って復員（軍隊を離れて郷里に帰ること）できたそうです。復員後、戦後日本中がきょう食べるものにも困っていた時、幸いにも父は親戚一族で製麺業を営んでいました。多くの国民がひもじい思いをしていましたが、小麦粉が大量に手に入ったので山内家は食には困らなかったようです。そのころ吉報が舞い込みます。父はやんごとなきところへの麺の提供を依頼されます。父は昭和天皇地方巡幸に際して、麺を打ち、天皇に献上することになりました。

『昭和天皇実録　第十』（東京書籍、平成二九年）を見ると、九州への巡幸は一九四九（昭和二四）年です。（八五二―八六〇頁参照）昭和天皇の巡幸は天皇ご自身の国民に対する「信」に基づいて行われたと、私は考えています（このことについては拙著『ポツダム』を参照願いたい）。戦後の昭和天皇の巡幸は昭和二一年の神奈川県に始まり、昭和二九年の北海道で終わります。この間、昭和天皇は日本国中の遺族に丁寧に声を掛けておられます。九州巡幸は昭和二四年五月から六月にかけて行われました。鹿児島へは六月一日、八代、水俣、出水、川内、伊集院を経て一八時一六分に鹿児島駅に到着され、城山の入口にある岩崎谷荘（すぐ近くに西郷隆盛が自決したとされる洞窟がある）に宿泊されました。雨天の中、三日まで鹿児島市に滞在されました。今ではもう定かではありませんが、迫水久常氏（次節参照）か山中貞則氏（一九二一―二〇〇四、鹿児島県選出自由民主党衆院議員、税調のドンと呼ばれる、最初の沖縄県知事屋良朝苗の教え子）が製麺所によく出入りしていたことを聞いています。父たちは陛下への麺の献上をこのどちらかに依頼されたようです。とはいえ、迫水氏は当時公職追放中でしたので、依頼人は当時鹿児島県議会議員であった山中氏の可能性が高いと思われます。陛下は六月二日午前中に県庁を訪問され、そこで県会議員と会われています。その後の昼食の麺を父が打ったのではないかと、私は推測しています。あるいは翌三日の昼食にも父の打った麺が供されたかもしれません。『実録』にわざわざ「昼食後」国会議員の床次徳二に拝謁を賜わったことが記されています。

父も祖母もこの僥倖を自慢げに話したことはありませんでした。ほんの数回何かのついでに話しただけです。でも、父の話はおもしろかった。製麺所で麺を打つときには下着からすべて着替えるように担当者に言われ、純白の下着と服に着替えなければなりませんでした。父は新品純白の褌を締めて麺を打ったのでしょうか。「昭和天皇の麺」について、父はびっくりした顔をして着替えるふりをしながら、このことしか語りませんでした。父が自慢話をしているようにはまったく見えませんでした。

先述したように、終戦間近、父は陛下の貴重な飛行機を大破させ、営倉にぶち込まれました。父は麺を打ちながら、このことを思い出していたのではないでしょうか。麺を打つことによって、すべてのことに折り合いがついたのでしょうか。父が亡くなってすでに六年。いまでもときどきこんなことを想います。そして、父が特攻出撃しなくて本当によかったと心からそう思います。そうしてつくづく「平和はいいいな」と思います。

# 第四章　平和教育と「国を守る」ということ

## 第一節　個人的な平和教育の経験

戦争の悲惨さは多くの人が実際に体験し、また語り継がれてきました。だからこそ、私たちは戦争がいかなるものであるかをイメージできるのです。そして、それを基にして平和を希求することができるのです。実際に戦争を体験した人、しかも親など近しい者からの話は格別です。腹の底まで戦争の悲惨さが伝わってきます。そして、自分を「歴史の流れ」のなかに位置づけることができます。しかし皮肉なことに、平和が続くということは、そういう人たちの話を聞く機会が減っていくということに他なりません。広島でも「語り部」として原爆の話ができる被爆者が少なくなってきました。私が高等学校の教員をしていた時は、まだ多くの被爆者が健在で、平和教育の時間に卒業生を呼んで話をしてもらったものです。いまでは話をしていただいた方々のほとんどが鬼籍に入られています。

それでは、どうすれば戦争や原子爆弾の悲惨さを伝えていけるのでしょうか。そのためには、学校で行われる平和教育がとても大切になってきます。戦争の悲惨さがわからない人は、平和への意志も弱くなります。だから平和教育はとても大切なのです。平和教育の時間が教育課程の中にしっかりと位置づけられなければなりませんが、こういう制度的なことはここでは触れません。でも、私は平和教育の仕方がとても大切だと考えています。ただやみくもに、戦争の悲惨さを訴えるだけではいけないと思います。私の子供の例を挙げておきます。子供は保育園の「年少さん」のとき、平和教育で原爆の火が燃えさかる絵本を見せてもらったようです。大人は必死にまじめに原爆の悲惨さを教え込もうとしたのだと思います。しかし、子供はそれから三、四年の間たびたび夜泣きをするようになりました。夜泣きのとき、いつもおびえた目付きで「火が火が」と大きな声で泣き叫んでいました。平和教育は見事に、子供に戦争への恐怖を植え付けたのです。その意味では、この平和教育は成功したのかもしれません。でもどうなんでしょうか。本当にそう言えるのでしょうか。やはり、こうした平和教育は失敗ではないのでしょうか。

## 第二節 進歩的知識人の説く平和教育

宮田光雄の啓蒙書に『非武装国民抵抗の思想』（岩波書店、一九七一年、二〇一七年、以下、宮田と略記）があります。とても人気があるようで、手許のものは刷りを重ねて九刷りになります。宮田はキリスト教に基づく人道思想の持ち主で、進歩的知識人の一人と言っていいと思います。基本的な憲法理解は石橋政嗣と通底しています（宮田、一四頁）。なお、宮田の『平和思想史研究』（創文社、二〇〇六年）にも、宮田の上掲書は採録されています。彼の平和教育論を以下で簡単に辿っていきます。

### （1）宮田光雄の平和教育論素描

一般的に、平和教育とは戦争体験を継承するために行われます。その目的は戦争の防止です。宮田ももちろん、こうした平和教育を極めて重要なものと考えています。そしてまず、平和教育には「情緒的モチベーション（動機づけ）が必要」（宮田、一六七頁）であると言います。子供たちに燃えさかる原爆の炎を絵本で見せることも、一つの「情緒的モチベーション」でしょう。宮田は情緒的モチベーションとしての「文学教育」の意義は極めて重要であるとして、これを積極的に薦めています。氏は文学教育を通して「想像力」を働かせるようにしたいと考えているようです。ジョン・レノンの「イマジン」の世界です。

　想像してみよう。ある日突然、自分の村に他国の軍隊が来て威嚇している様を。鉄砲を持った支配者は何をしでかすかわからない。想像してみよう。その恐怖を。実際に鉄砲で撃たれて死んだ人もいる。想像してみよう。その家族の憎しみを。こうした感情は、戦争の法的処理だけではなくならない。（"The face of our nationalism"、「私たちのナショナリズム」、*The Japan Times,* May 23. 2014）

私はジョン・レノンを意識しながら、日本の軍隊に占領された朝鮮のある村を「想像」してこのオピニオン記事を書いてみました。かつて日本がしたこと、ナチス・ドイツがしたこと、アメリカがしたこと、そしてソ連がしたことを、よく学び、それが実際にどうだったのか「想像力」を働かさなければなりません。想像力を働かさなかったら、どんなことも自分のものにならないのです。

このように、宮田は情緒的、あるいはときに情動的とも表現されていますが、そういったモチベーションの必要性を説きながら、以下の様に反転します。

> まず感性的に目覚めさせられるべきであろう。しかしまた、たんに情緒的モチーフにたいして訴えかけるだけで、体系的な知識と理性的な認識にまで構造化されなければ、十分とは言えない。
> (宮田、一七四頁)

宮田は「感覚的衝撃」を与えるだけでは、平和教育は不十分であると言います。なぜなら、それだけでなら「私たちは原爆を落とされなくてよかった」などの間違った結論が導かれることになるからのようです。そこで、宮田は学校教育における歴史教育などの、拡がりと深まりをもたらす教育の必要性を強調します。そして、こうした教育が行われなかったら、「眼は開かれないまま」であると言っています。

それでは、宮田は平和教育を通してどのような若者を育てようとしたのでしょうか。氏の言葉を使って見てみましょう。「平和を実現しようとする主体性」(同上、一七五頁)。「平和を愛するだけでなく、平和をつくり出す意志と努力」（同上、一七六頁）を持った人。「平和への主体的責任」（同上、一七七頁）。そして「人類的忠誠や人間としての連帯」（同上）。世の中がこのような人たちで満ち溢れたらどんなにすばらしいでしょうか。でも、私たちはこのような「ひと」になれるのでしょうか。どうも自信がありません。

### （2）宮田の憲法観と防衛構想

石橋と同じ地平に立つ宮田は、日本国憲法の平和原理の核心は、「永久武装放棄の宣言」（同上、七一頁）であると述べています。これは憲法第九条の二項にあたります。そうはいっても、平和論者には具体的な防衛の戦略論がない、とよく批判されます。しかし、宮田はその戦略は憲法「前文」にちゃんと書かれていると指摘します。日本国憲法の平和への戦略は「日本国民の主体的努力」にかかっていると。では、これを基盤にして、どのような具体的防衛構想が可能になるのでしょうか。宮田は国民の権利としての「自衛権」はもちろん認めます。しかし、その自衛権は即「軍備」にはつながりません。国民の自衛権は、国民の「主体的な平和への意志」に基づき、それは「国民の抵抗の意志」（同上）として現れると言うのです。宮田はこの意志がある限り、国は消滅することはないと語っています。そして「非武装中立の独立国」（同上、七二頁）の強さは、この国民の意志にあるとします。さらにこう言うと、それは「現実を無視した精神主義」と思われがちであるとしながらも、この意志こそ最も重要なものとして位置づけられるのです。宮田が考える平和教育の目的は、かかる強き抵抗意志をもった国民の形成であると言えましょう。私も平和を愛する国民の形成には何の異論もありません。しかし、本節(1)および本節で述べた平和教育の目指す人間像は、戦前神風特攻隊に要求された精神性と同じではないのでしょうか。それは平和決死隊、あるいは平和特攻隊構想につながる恐れがあるのではないかとも思わざるをえません。

さて、国連憲章は決して完全なものではありません。しかし、二つの世界大戦の惨禍を踏まえたうえで作成されています。国連憲章は国連加盟国に対する武力攻撃に対して、その第五一条で、安全保障理事会が適切な措置を講ずるまでは「個別的又は集団的自衛の固有の権利」（the inherent right of individual or collective self-defense）とその行使を認めています。宮田も自衛権を認めてはいますが、軍備としての自衛権は認めず、「意志」の自衛権だけを認めています。石橋の非武装中立論同様、憲法第九条を文字通り解釈すれば、自衛権を認めるといってもたしかにその程度のものしか認められないかもしれません。でも、「意志の強さ」などという言葉は、大東亜戦争を完遂しようとした帝国陸軍、とりわけ東条英機の常套文句だったことを忘れてはいけないのではないでしょうか。マッカーサーの夢はすぐに醒めましたが、石橋と宮田は夢を簡単に手放しませんでした。夢を手離さない最後の抵抗がここに見て取れます。

石橋と宮田の夢は、マッカーサーが夢を手離さなかったら、直接にマッカーサーの夢を引き継ぐものとなったことでしょう。石橋と宮田の夢こそまさしくマッカーサーの夢の系譜なのです。この系譜の中に確実に位置づけられる宮田の平和教育論の基底には、上で述べたような憲法第九条を「永久武装放棄宣言」と捉える憲法観と、戦前の特攻精神に比肩しうるほどのかなり精神主義に傾いた防衛構想があると言っていいでしょう。

## 第三節　国を守るということ

前項で「自衛権」について述べましたので、ここで「国を守るとはいかなることか」という問題へ話しを少し移しましょう。一般に「国を守る」という言葉に集約されます。しかし、宮田はロケット時代の現代（一九七〇年頃）にあっては、それは古いと言います。（同上、七五頁）では、「国を守る」とは、何を守ることをいうのでしょうか。宮田によれば、守るべきはいまは領土ではなく、「理念と社会的生活様式」（同上、七六頁）ということになります。理念とは、主権在民、基本的人権の尊重、平和主義のことであり、社会的生活様式とは、政治的には民主主義、経済的には自由主義を土台にして成り立っている現在の私たちの生活様式のことになります。宮田はそれを、「領土の上に存在する思想と制度」とも言い換えています。マルクス流に言うならば、それは「上部構造」にあたります。領土、国土という「下部構造」なしで、「思想と制度」は成立しうるのか。そういう疑問は残りますが、宮田にとって、領土は何よりも先に守るべき対象ではなかったようです。

ここでもう一回、宮田の防衛構想に立ち戻ってみたいと思います。宮田は一九七〇年頃の日本の政治状況を念頭に置きながら、「非武装国民抵抗」（同上、七四頁）が最も成功の可能性をもっている、と主張しています。その理由として挙げられるのが、人命や物質的損傷が少ないこと、そして軍事支出が少ないことです（同上、参照）。宮田はこのような防衛構想こそ「デモクラシーと平和の原則に立つ憲法に矛盾しない」（同上）と、自画自賛しています。宮田は英国人Ｓ・キング＝ホール氏の考えを紹介する形で自説を述べているのですが、「非武装国民抵抗」という防衛構想は、「占領」（同上、七八頁）後から始まる戦いであります。宮田は領土に守るべき存在としての優先権を与えていませんでした。いわゆる上部構造を守ることが防衛の重要課題でした。だから、非武装中立によって攻め込まれても戦わず、領土をあけわたし、しかるのちに非暴力的に粘り強く抵抗を試みるというのが、宮田の防衛構想なのです。私は、このような防衛構想は先述した石橋の「降伏した方がよいのではないか」という思想の別の表現形態であると考えます。そもそも私には、この防衛構想が人命も物質的損傷も、軍事費も少なく済むものとは考えられません。ＩＳ（イスラム国）によるイラクやシリアへの侵入、フィリピンへのイスラム勢力の伸長、そしてさらには北朝鮮による拉致などを考えるとあまりにも非現実的な考えであると思います。これらは最近の話しですが、古くは旧満州や樺太へのソ連軍の侵襲と占領でどれだけ多くの人的損害があったことか。たとえそれが一九七〇年頃に構想されたものであったとしても、この防衛構想はあまりにも多くの犠牲を国民に強いるドクサ（臆見）ではないかと思わざるをえません。

宮田は上述の防衛構想にこそ、日本国憲法の「平和主義」（第九条）の寄るべき具体的戦略の一つがある、と語っています（同上、参照）。そしてそれこそ「道徳的に正しく、事実上必然的」（同上）であると断言するのです。とてもきれいな推論式で導かれる結論です。しかし、この推論式こそ、加藤尚武の言う「まことしやかな、かっこいい、まやかしの議論」ではないでしょうか。私は先述した拙著『ポツダム』の終章（「きれいなもの」との向き合い方）で、右でも左でも「きれいなもの」ほど怖いものはないと述べておきました。「きれいなもの」はいつでも「道徳的正しさ」を保有しています。九・一一同時多発テロでニューヨークの高層ビルに突っ込んだテロリスト達は「道徳的な正しさ」を確信していたはずです。「悪魔であるアメリカの象徴を破壊することは正しい」と。そしてそれは私の父でも、日本の特攻でも「鬼畜米英の艦船を破壊することの正しさ」を確信していたはずです。前項で論じた「意志の強さ」に「道徳的正しさ」が加われば鬼に金棒です。怖いものは何もありません。しかし、「道徳的正しさ」を強調する思想は、時としてとても危険な要素を孕んでいるのです。

　現在、憲法改正草案のようなものが時々聞こえてきます。それによると、政府は憲法第九条に第三項を付け足して、自衛隊の存在を憲法上の存在として位置づけようとしているようです。そうなると、自衛隊は違憲ではなくなります。しかし、現在でも自衛隊の存在は事実上認められているのだから、ことさらに第三項を付け足す必要はない。付け足したら、自衛隊の行動や装備に歯止めがかからなくなる危険が増大する。だから、現状のままでいい。こういう考えが野党の中にはあります。また、自民党の一部には、第九条二項を削除して、軍隊を保持すべきであるという考えもあります。こうなると、日本は如何なる戦争も出来る国になってしまいます。これを「普通の国」というのかもしれません。日本国憲法は、少なくとも、こういう普通の国であることを否定するという理念を基にして作られたのですが。

　ここで確認しておきますが、手続き的に憲法の規定に従って行われる国民投票は正当なものです。憲法改正条項は、一九四六年夏公開討議の結果、憲法に盛り込まれたものであります（『回顧録』四五五頁参照）。右で述べたいずれの考え、いずれの立場をあなたが採用するかはあなた次第です。日本の針路を私たちが決めることができるのです。実は、ポツダム宣言受諾に際しての連合国からの回答のなかにも、このこと（国民主権）は明記されています。回答の第四項は「日本国政府の最終的なかたちは、ポツダム宣言にしたがい、日本国国民の自由に表明する意志によって決定されるものとする」（後述）とあります。この連合国による回答はあくまでもポツダム宣言に従い、その内容の徹底を図ったものです。もちろん、この精神が日本国憲法の基礎になっています。そうであるから、私たち国民一人一人が平和への責任も、戦争への責任も担っているのです。そういう私たちが国民投票で決めた憲法は、たとえそれがどのようなものであれ、紛れもなく自主憲法ということになります。

# 第五章　日本はこれまで何を守ってきたのか

## 第一節　ポツダム宣言受諾

ここで前章を受けて、とても重要なことですから、伝統的に日本が守るべきであると考えていたものが何であったかについて述べておきたいと思います。そのことを明らかにするためには、ポツダム宣言を受諾する間際の日本の動きを見ればよくわかります。守られるべきは、もちろん一国民例えば笨次のごとき命ではありません。

ここで先述した迫水久常氏（一九〇二―一九七七、戦後公職追放後、鹿児島県選出の衆参両議員を務める）にご登場願います。戦争処理内閣である鈴木貫太郎内閣からポツダム宣言受諾、敗戦に至る四か月の詳細を知るには、鈴木内閣の書記官長（現在で言えば内閣官房長官、戦前は現在のように政治家ではなく、官僚が務めることが多かった。迫水は戦前、革新官僚といわれていた）であった迫水久常の報告『大日本帝国最後の四か月――終戦内閣〝懐刀〟の証言』（河出文庫、二〇一五年、以下「迫水」と略記）が最適です。少し飾りすぎのところもありますが、最も正確で詳細な敗戦へのプロセスの記録です。

周知のように、一九四五（昭和二〇）年になって、日本には戦局の好転が難しくなっていました。小磯国昭内閣が瓦解。四月七日、終戦へ向けて鈴木貫太郎内閣が成立。このような状況の中で日本はソ連の仲介に期待し、七月一〇日近衛文麿を特使としてソ連に派遣することを決定します。しかし、連合国は七月一七日からのポツダム会談でソ連参戦の密約を成立させます。これでソ連は近衛特使の受け入れを拒否することになります。七月二六日、アメリカ、イギリス、中華民国により「ポツダム宣言」が発せられます。ポツダム宣言は、言うまでもなく、日本へ無条件降伏を求める一三条からなる宣言です。鈴木内閣はこれを最初は「黙殺」します。しかし、八月六日の広島への原爆投下、八月八日のソ連参戦、八月九日の長崎への原爆投下により、ついに八月一〇日「国体護持」を条件にポツダム宣言受諾を決定します。私はこう（国体護持）言い切っても問題ないと考えています。

この宣言受諾は昭和天皇の聖断なしにはありえなかったのですが、天皇が聖断を下すための思想基盤形成に西晋一郎という哲学者の御進講があったことを、私は先述の拙著『ポツダム』で明らかにしました。ぜひともそれをご参考ください。

## 第二節　日本国政府が守ろうとしたもの＝ポツダム宣言受諾の条件としての国体護持

さて、日本国政府がポツダム宣言受諾の条件とした「国体護持」とはいかなるものであったのか。まずはそのために、日本国政府がスイス大使館とスウェーデン大使館に打った電文を見てみます。ポツダム宣言受諾を伝えた後、電文は以下のような条件を付け加えています。

（前略）対本邦の共同宣言にあげられた条件のなかには、天皇の国家統治の大権を変更するという要求をふくんでいないことを了解して、帝国政府は、これを受諾する。（後略）（第一電、「迫水」二一一頁）

日本国政府は日本文の第一電（八月一〇日、午前七時）に続いて、英文で第二電（同日、午前九時）を打ちます。第二電は基本的に第一電と変わりませんが、段落を変えずに連合国の「すみやかな」回答を要求しています。

第一電と第二電の合間にスウェーデン外相が日本国大使館岡本公使に、ある質問を行っています。

参考のため、ききたいが、天皇の国家統治の大権を変更しないというくだりは、国家の統治組織を意味するのか、または、天皇の御一身上の地位に変更がないことを意味するのか。（同上、二

一三頁）
岡本公使は「訓令のなかには、なんらの説明もないが、両者をともに含む意味だと解釈している」（同上）と答えています。「天皇の国家統治の大権」という言葉は、極めてわかりにくい言葉ですが、仲介国スウェーデンのみならず、連合国でもわかりにくく問題になったようです。案の定、なかなか回答は得られませんでした。

　しかし、ここで明らかになっているのは、日本国政府が何を守ろうとしたのかということです。それは電文にある「天皇の国家統治の大権」です。天皇には国家を統治する大きな権力があり、それを変更しないのであるならポツダム宣言を呑むと、政府は連合国に伝えているのです。それに対して、スウェーデンはその大権とは、天皇制という日本の統治体制全体なのか、天皇制のなかでの天皇ご自身の地位（このなかには天皇の生命も含まれるのではないかと私は考えている）なのか訊ねているのです。それに対して、岡本公使は両方であると答えているわけです。

　実は、「天皇の国家統治の大権」という文言は、迫水が作成した最初の文書にはなかったものです。東郷外相の最初の案では、この部分は「天皇の身位」となっていました。しかし、「身位」（英語では person があてられている）は天皇個人の私的立場のような響きがあるので、公法的な感じを出すために「天皇の国法上の地位」と迫水が対案を出し、これで決定していました。

　ポツダム宣言受諾は御前会議での天皇の次のお言葉で決定されました。

わたしのことはどうなってもかまわない。たえがたいこと、しのびがたいことではあるが、この戦争をやめる決心をした。（同上、二〇八頁）

このお言葉でポツダム宣言受諾が決定されたのが午前二時二〇分。引き続き、最高戦争指導者会議が開かれ、それを決議しました。しかし、花押（かおう）を押す段になって、平沼騏一郎枢密院議長が「天皇の国法上の地位」に反対したのです。平沼は最高戦争指導者会議の正式メンバーではありませんが、ことが急を要するため、この会議に参列していました。以下が平沼の反対の理由です。

この文書の中にある〝天皇の国法上の地位〟という表現は、わが国体に照らし合わせて、たいへん不適当である。天皇の地位は神ながらにむかしからきまっているのであって、憲法によって定められたものではない。憲法はただ神ながらの天皇の地位を記しただけのものだから、この表現には反対である。（同上、二〇九頁）

平沼の反対理由は明晰であり、同時にそれは国体とは何であるかを明確に表しています。国体とは近年では国民体育大会の略称ですが、国体とは元々天皇のことでありました。それではまず平沼の反対理由から。大日本帝国憲法には第一条に「大日本帝国ハ万世一系ノ天皇之ヲ統治ス」があり、天皇の大権が憲法上に定められています。だから天皇は立憲君主であるように見えます。しかし、これは間違いです。憲法は神代の時代からあった天皇の地位を、憲法上に成文化したものにすぎないのです。

だから、憲法があって天皇があるのではないのです。天皇が憲法より先なる存在なのです。「天皇の国法上の地位」という表現は、神格としての天皇を知らない者の暴言です。平沼の考えをまとめると右のようになります。ここでこの件について、少し以下の《　》で注釈を付け加えさせていただきます。

《平沼と迫水との差異は、大日本帝国憲法第一条「統治の主体としての天皇」と、第三条「天皇の神聖不可侵性」のどちらに重点を置くかの違いです。少し図式化し強調して言えば、この違いは天皇を立憲君主として捉えるか、神として捉えるかの違いということになります。明治維新以来、明治新政府は「富国強兵」、「殖産興業」という目標の下、洋風化を進めてきましたが、道徳の退廃などその弊害も大きく、それを是正するという目的もあって大日本帝国憲法が施行された一八九〇年に『教育勅語』を渙発します。教育勅語は「かむながら」（神としての）天皇が自らの御名御璽によって臣民としての国民に与えるという形を採っています。そこでは万世一系の天皇の祖先、即ち「皇祖皇宗」が道徳の基礎づけを行う形になっています。維新後の道徳の退廃を正すために、神としての天皇に力点が置かれることになるのです。道徳の基礎としての天皇については第二部でも取り扱います。教育勅語渙発に至るプロセス、すなわち中村正直起草案から始まり、その修正としての井上毅起草案採用への移り行きなど以下を参照してください。（三谷太一郎『日本の近代とは何であったか——問題史的考察』岩波書店、二〇一七年、二二五—二四六頁参照）周知のように、教育勅語はすでに国会で廃棄されていることを付け加えておきます。

いずれにしろ、大日本帝国憲法のなかにある矛盾がポツダム宣言受諾へ至るギリギリの段階で、迫水案と平沼案の対立として露呈したということになります。》

だから、平沼は先の反対理由を述べた後に、「いったい誰が起草したのか」と訊ねています。さぞや革新官僚迫水は肝を冷やしたことでありましょう。最終的には、鈴木総理が平沼の意見を入れて「天皇の国家統治の大権」となりました。

以上で、政府が連合国にポツダム宣言受諾と引き換えに出した条件が明らかになりました。それは「国体の護持＝天皇制の保証」であったのです。「神的存在としての天皇」は、特に平沼独自の見解ではなく、戦前のオーソドックスな考え方でもありました。この天皇像は占領後、廃棄されることになりますが、そう簡単に廃棄されるものではないのではないでしょうか。たしかに日本国憲法では第一条で天皇の地位は定められています。

第一条［天皇の地位、国民主権］天皇は、日本国の象徴であり日本国民統合の象徴であって、この地位は、主権の存する日本国民の総意に基づく。

この第一条に見られるように、天皇の地位は大きく変更されました。そういう意味で、ポツダム宣言受諾の条件は廃棄されたのです。ただ、昭和天皇も、今上天皇も新しい憲法に則した天皇像を確立しようと努めておられます。とりわけ、平成天皇の生前御退位の試みなど高く評価できるものです。しかし、とてつもなく長い歴史をもち、日本の文化の深層を形成している天皇制を一朝一夕に変えることなど至難の業なのです。したがって、第二部では日本の天皇制の特質も論じてみたいと思います。

## 第三節 昭和天皇が守ろうとしたもの

いま、連合国に対して日本国政府が守ろうとしたものを明らかにしました。それは「天皇の国家統治の大権」と表現された、古い天皇制そのものでした。それでは、天皇ご自身が守ろうとされたのは何であったのでしょうか。ポツダム宣言受諾は、先述したように八月一〇日の御前会議における昭和天皇の聖断で決まりました。そのときの陛下のお言葉の最後の部分「わたしのことはどうなってもかまわない」を記しておきました。しかし、そのお言葉に至る過程の中で陛下はご自身が守るべきものと考えるものについて言及されています。

(前略)このような状態で本土決戦に突入したらどうなるか。わたしは非常に心配である。あるいは、日本民族はみんな死んでしまわなければならなくなるのではなかろうかと思う。そうなったら、どうしてこの日本という国を伝えることができるか。わたしの任務は祖先から受け継いだこの日本という国を子孫に伝えることである。今日となっては、一人でも多くの日本人に生き残ってもらい、その人たちに将来ふたたび起ち上がってもらうほかにこの日本を子孫に伝える方法はないと思う。それに、このまま戦争をつづけることは世界人類にとっても不幸なことである。

（迫水、二〇八頁）

ここで昭和天皇は「守るべきもの」をはっきりと語っておられます。それは「日本国と日本人」です。日本国政府の中には、終戦によって「日本国民の生命を守る」という考えは希薄だったのではないでしょうか。また、そういう考えがあったとしても、優先順位は低かったのではないでしょうか。昭和天皇の聖断の内容は明確です。「日本国民に生き延びてもらって、将来の日本のことを国民に託す」と語られているのです。八月一四日の最後の御前会議でも、陛下は同じことをより直接的な言葉で「じぶんの身はどうなってもいいから、国民のいのちを助けたいと思う。（中略）生き抜く道が残っておるならば、さらに復興という光明をつかむこともできるわけである（後略）」（同上、二五〇頁）と語られています。私はここに陛下の日本国民に対する「信」を見ます。それこそ、西晋一郎が昭和一八年の御進講で陛下に言上した内容でありました。

## 第四節　ポツダム宣言受諾への連合国からの回答

日本国政府は連合国によるポツダム宣言受諾に対する回答を待ちました。しかし、なかなか回答が得られません。先述したように、日本国政府が、なかなか理解しにくい条件を付けたので連合国も苦慮していたのです。やっと八月一三日回答が正式な外交ルートを通じて届きました（実際は外務省には前日に届いていました）。下記のように回答は五項目からなっていました。

ポツダム宣言の条項はこれを受諾するも、右宣言は、天皇の国家統治の大権を変更するという要求をふくんでいないことの了解をあわせのべた日本国の通報について、われわれの立場は、次のとおりである。

降伏のときから、天皇および日本国政府の国家統治の権限は、降伏条項を実施するためその必要と認むる措置をとる連合国最高司令官の制限のもとにおかれるものとする。（第1項目）

天皇は日本国政府および日本帝国大本営に対し、ポツダム宣言のもろもろの条項を実施するため、必要な降伏条項に署名する権限を与え、かつ、これを保証することを要請せられ、また、天皇はいっさいの日本国陸海空軍官憲およびいずれの地域にあるを問わず、右官憲の指揮下にあるいっさいの軍隊に対し、戦闘行為を終わらせ武器を引き渡し、降伏条項実施のため最高司令官の要求することあるべき命令を発するように命じなければならない。（第2項目）

日本国政府は、降伏後ただちに俘虜および日本に抑留されている者を、連合国の船舶にすみやかに乗せ安全な地域に移送しなければならない。（第3項目）

日本国政府の最終的なかたちは、ポツダム宣言にしたがい、日本国国民の自由に表明する意志

によって決定されるものとする。（第4項目）

連合国軍隊は、ポツダム宣言にかかげられたもろもろの目的が完遂せらるるまで日本国内にとどまることにする。（第5項目）

（迫水、二二三―四頁）

迫水が問題と考えたのは第1と第4項目でした。まず、第1項目。「連合国最高司令官の制限のもとにおかれる」の下線部は英文で「subject to」ですが、案の定陸軍はこれを「隷属」と訳し、これでは国体の護持ができないと反対しました。迫水も全くその可能性を払拭できませんでしたが、「subject to」には「隷属」よりはもう少し柔らかい意味があるので、決して隷属するのではないと考え直しました。

つぎに第4項目。迫水が最も問題ありと思ったのはこの項目でした。彼は、これだと天皇制も国民の自由な選択になると考えたのです。しかし、もともと日本は天皇の大御心と国民の意志とが一つであることで成り立っているのだから、と迫水は自分自身を納得させました。

平沼は回答全体に反対で、連合国に再度の照会を要求しました。阿南陸軍大臣は、第2項の「武装解除」と第5項の「占領軍の駐留」についての撤回を連合国に求めるよう要求してきました。（同上、二二三頁参照）他に、梅津陸軍参謀総長、豊田海軍軍令部総長は、この回答を認めれば日本は「連合国の属国」になるとして奏上しました。

しかし、東郷外相はこの回答は日本側の申し出を承諾したものであると、陛下に言上しました。それに陛下は「自分もそのとおりだと思うので、和平を取り結ぶようにしなさい。決して和平の糸口を切ってしまってはいけない」と東郷に伝えられ、全ては決したのです（同上、二二四頁参照）。迫水によると、鈴木総理も撤回要求にぶれることなく和平への意志を貫いたそうです。この鈴木の対応については、第一部第一章第三節でも、マッカーサーと鈴木の「信」として論じました。

連合国はポツダム宣言そして日本国政府のポツダム宣言受諾に対する連合国の回答に従って、粛々と新生日本を形成していきます。そのなかで、日本国政府がポツダム宣言受諾に際して「守られるべき」ものとして要求した「天皇の国家統治の大権」は、確実に失われていったのです。ただ、天皇制は大きく形を変えはしましたが、結局残りました。それには連合国軍総司令部の意向も大きく作用しました。このことは否めません。しかし、天皇制の存続はポツダム宣言受諾に対する連合国の回答の第4項目「日本国政府の最終的なかたちは、ポツダム宣言にしたがい、日本国国民の自由に表明する意志によって決定されるものとする」に従って、日本国民が決定したものであると、私は考えています。なぜなら、この選択が無かったら、そしてこの選択を連合国が認めなかったら、連合国の日本統治は全く機能しなかったでしょうから。

第二部

# 「理想国家」の夢

西晋一郎

この第二部では、日本国憲法第九条に関わることから離れて、第一部第五章第二節の最後で予告していた天皇制についての議論をしたいと思います。戦前、日本国政府が守ろうとした「国体」とはいかなるものであったのか。国体と同一視された天皇は、戦前一体どのような存在であったのか。象徴天皇となった現在は、もうすべてが戦前とは変わってしまったのか。こういう視点をもって、天皇制について考えてみます。その際、最近の私の研究対象になっている国体論を説く哲学者、西晋一郎の研究という仕方で、ヘーゲル哲学の君主論と比較しながら、西の天皇論について深堀りしてみたいと思います。

例えば、ヘーゲル（一七七〇—一八三一、ドイツ観念論哲学の完成者）なら国家論と君主論を別々に論じることは可能です。しかし、西晋一郎にあっては、国家論と君主論を別々に論じることは極めて難しくなります。なぜなら、西にあっては国家論は君主論であり、君主論は国家論であるからです。しかしながら、少し窮屈にはなりますが、この第二部では国家論、君主論の順番で西晋一郎の哲学を論じて行きます（第二部の主要部分の初出は、『政治哲学』第二二号、政治哲学研究会、二〇一七年の「二つの君主論——西晋一郎とヘーゲル」です。ここでは初出のうちのヘーゲルの国家論と君主論の部分を割愛しました。特に西の君主論とヘーゲルの君主論を詳細に比較したい方は、ぜひそちらも参考にしてください）。

# 第一章　西晋一郎の夢、理想国家はどうあるべきか

## 第一節　国家的生活の勧め

西晋一郎は『眞正なる國家』（国民精神文化研究所、一九三九年）の前半部分で、ソクラテス、プラトン、アリストテレスの国家論を素描しています。その際、ソクラテスとプラトンを一体のものとして論じ、アリストテレスに対立させています。西によると、前者は国家生活より高い人間の生活はないという姿勢において一致しています。

〈ソクラテスが〉市民的卽ち国家的生活を超えた所に人間生活の更に高尚なるものがあるとしたとは思われぬ。プラトーの哲學の内容もまた国家的生活以外以上に高い人間生活ありとしたものでない。「イデア」界を説いてもそれを観た哲人は再び洞窟である人間界卽ち国家に下り來てそ

こに苦労することを、観た甲斐ある生活としてをる。（『眞正なる國家』二〇頁）

このようにソクラテスとプラトンにおいては、人間の最高の生活は国民としての国家生活であり、決して個人として送る観想的生活などではありませんでした。たとえイデア（叡智界と呼ばれる理想世界）を観たとしても、そこから「洞窟」（現実の人間界、国家）に帰って、そこで生きかつ苦労することに人間的生の意義が認められていたのです。この点でのソクラテスとプラトンの揺るぎない一致を、西は疑いません。ただ、ソクラテスとプラトンの違いを、ソクラテスがその説を実地に移したのに対して、プラトンは「談ずる」（同上、二一頁）だけに終わったところに見ています。

その一方で、西はアリストテレスにおいて初めて「国家以上高尚なる人生あり」（同上）という考えが芽生えたと述べています。アリストテレスはもちろん国家生活における徳を説き、国家生活の善さを語ってはいます。しかし、アリストテレスはそうした生活よりもより高い生活として「單に個人として與かる文化的生活あり」（同上）と語っています。西によれば、国家生活から個人的文化的生活への価値の転換は、アリストテレスをもって始まりとします。そうした文化的生活のなかで最高のものとして、アリストテレスが「哲学者の観想的生活」を挙げていることを、西は批判的に指摘しています。

西はもちろんソクラテスやプラトンと同様に、国家生活の内に人間の真のあり方を見ました。そして、ソクラテスの生と死を驚くほどに礼賛しています。「哲學者と後世稱せられるソクラテスが最後までその民族の神々の信仰を保持した所に、ソクラテスがアゼンス〈アテネ〉人たることに於いて完全なる人生を満足したわけがある。（中略）自國人たること能はずして人間たり能ふ者は無い筈である」（同上、二三頁）。

このように西は、ソクラテス・プラトンとアリストテレスの間に重大な人生観の相違を見ています。もちろん、西は前者を支持しています。西は後者に対しては、一貫して「幸福主義」として批判しています。戦前、教学刷新評議会答申（一九三六年）で批判されているヨーロッパ近代の個人主義的幸福観の始まりを、西はアリストテレスの内に見ています。「プラトーの道徳説の真の後継者はプロチノスであってアリストテレスではない。後者のあまりに人間的なオイダイモニア（幸福）の説はストア教ほどに大に実地の道徳を振るい起こさなかった」（西晋一郎『倫理学の根本問題』岩波書店、一九二三年、三二一頁）と。《アリストテレスには、幸福についてのこの経験的帰納的規定とは異なる、形而上学的演繹的規定もあります。こうした二種の幸福規定を持つところにアリストテレスの妙味があるとも言われます。この点については、第三部第三章第二節(2)で触れます。》

さて、西はアテネにおいて生じたこのような人生観の相違の原因を、アリストテレスの時代になって「国家が瓦解に赴いた」（『眞正なる國家』二一頁）ことに見ています。周知のように、アリストテレスの時代になると、ギリシアの都市国家は国家的統一を失い衰退していきます。こうした状況において、国家的生活は「人生の意義」を尽くすものではなくなったということが、西の解釈です。この反面で、都市国家が崩壊しヘレニズム世界が訪れると、道徳は国家的生活とは無縁の、個人の「安住或は幸福」（同上）のためのものになってしまうのです。

## 第二節 国家と宗教のあるべき関係

西によると、アテネなど都市国家の崩壊そしてヘレニズム世界の出現と相俟って、宗教も都市国家の民族宗教から世界宗教へと変質していきます。「ストア教を生んだ同じセミ族の裡に起つたキリスト教が當初から超国家的であったことは特に著しい」（同上、二二頁）。西はソクラテスの生と死を絶賛していますが、それはソクラテスが「最後までその民族の神々の信仰を保持」（同上、二三頁）していたが故であります。しかし、もはや都市国家の崩壊と共に、ソクラテスがそのために生きそのために死んだアテネという国家もその民族宗教も失われてしまいました。そしてそれに代わり、世界宗教であるキリスト教が支配する世界が出現しつつあったのです。このように宗教が超国家的性格をもつようになると、ソクラテスがその生と死を通して示している、国家的統一が人間生活を支えるという人生観は消失していきます。そしてそれに代わって、世界宗教を通して人生の「安住と幸福」を達成したいという新たな人生観、幸福観が支配するようになります。この結果ヨーロッパでは次のような人生観が主流を占めるようになりました。

人生は完全に國家的統一に盡されずして、個人主義的自由主義的特色を伴ふ學藝宗教の上に人生満足を求め、これを人間生活の當然となし、翻つて古昔ギリシア人の生活を餘りに國家的であ

った と批評するようになった。（同上、二二二頁）

ヨーロッパにおいてはギリシア世界の没落・崩壊とともに、民族宗教は廃（すた）れ、キリスト教という世界宗教が支配権を確立します。西はその変遷の内に幸福観の劇的変化を見るのです。すなわち、ギリシア人が理想とした国家的生活は否定され、個人主義的・自由主義的な、そしてそう言っていいなら物質偏重の幸福観が支配的になるのです。古代ヨーロッパにおけるこうした幸福観の転倒には、先述した教学刷新評議会答申と真逆の国家から個人重視への価値転換を見ることができます。西にとって、現代ヨーロッパの幸福観は、まさしく古代における国家から個人への価値シフトを引き継いでいるのです。西の現代ヨーロッパに対する嘆きが聞こえてくるようです。しかし、こうした西や教学刷新評議会のヨーロッパ理解は、ヨーロッパ文化の一面を捉えただけのものにすぎません。ヨーロッパ文化はもっと多面的でもっと深いものです。

このように西のヨーロッパ理解には一面的すぎるところがあります。とはいえ、西にとっては個人主義的価値観を基底に置き、その上に築かれる「共和政治」や「民主政体」は、「疑似国家」（『人間即国家の説』明世堂、一九四四年、二五二頁）でありました。西は疑似国家の疑似としての現れを次のように語ります。

〈疑似国家は〉国家と内容的に獨立である教會を必要とし、學問藝術すら或る程度国家から獨立し、其の所謂文化を珍重せざるを得ないのである。（同上）

疑似国家とは、西にとって自己自身の宗教、すなわち国家（民族）宗教を持たない国の別名であったと言っていいでしょう。つまり、疑似国家とは自己自身のうちに自国民の生き方の規範となる道徳の、その基盤たる固有の宗教を持たない国であります。そうであるなら、真の国家とはいかなる国家なのでしょうか。

> 眞正なる國家は（中略）所謂宗教を必要とはしない、まして教會を必要としない。これ自己の中に其の實を具足して、遙かに完全に人間を成就せしめつつあるからである。（同上、一五二―三頁）

ここに言う「所謂宗教」とは、国家の外にある宗教のことです。先に述べたヨーロッパの歴史を辿れば、キリスト教のことに他なりません。つぎに、「自己の中に其の實を具足し」とは、国家が自己自身の宗教をもっているということです。また「完全に人間を成就」とは、国家が己の内なる宗教を通じて人間を国民として完成させるということであります。したがって、西の構想する「真正なる国家」は、自己自身の宗教をもっている国家であり、自己自身の内に人間を完成させる宗教的機能を持っている国家です。したがって、「真正なる国家」とは決してキリスト教のような「超国家的宗教」など必要としない、民族宗教を基礎にした国家であると言うことができます。

以上の事から、西にとっての真の国家とは、宗教国家であると言っても差し支えないでしょう。これをヘーゲルにおける宗教と国家との関係と比較するなら、ある種対照的であると言えます。ヘーゲルは基本的には国家形態と宗教形態の対応関係は認めつつも、明確に国家と宗教は「分離」されるべきであると主張しています。もちろん、ヘーゲルは国家と宗教の分離と同時に、それらの相補的関係についてもその必要性を認めてはいますが、基本は国家と宗教との分離の立場であります。ヘーゲルは『法の哲学綱要』二七〇節で、国家と宗教の関係を集中的に論じています。それによると国家と宗教の関係は以下の様に類型化できます。上述したことをまとめると以下の様になります。

①国家の形態と宗教の形態は対応している。
②国家と宗教は分離すべきである。それが「最高の幸福」である。
③しかし、国家と宗教は別々のものでありながら、相補的でなければならない。

②の観点においてヘーゲルの「国家―宗教」関係の本質は表現されており、ここに私たちはヘーゲルの政教分離論を明確に確認することができるのです（山内廣隆訳註『ジープの承認論』こぶし書房、二〇一九年近刊、も参照されたい）。ヘーゲルは宗教国家を否定し、西晋一郎は宗教国家を真正国家として称揚するのです。もちろんその場合の宗教は民族固有の宗教でなければなりません。

しかし、不思議なことに西自身はヘーゲルの国家を宗教国家として評価しています。西は「治教一でなければ國家は眞正の國家たるを得ず」（『眞正なる國家』七三頁）と語っています。西が「教」を語るとき、「教」は「教育」を意味している場合も多いのですが、ここでは治教一の「教」を主として宗教の「教」として解釈するほうが適切でしょう。以下がその理由です。すなわち、教育は「教え」

ではありますが、教えが教えとして成り立つためには教えの基盤となる価値体系がなければなりません。そうした価値体系を正当化し、根底で支えているのが宗教です。西は政治は「徳治」であり、決して個人の福利の協調を目的とするものではない（同上参照）と語っていますが、「政治は徳治である」という言説の中に、教えが持つ宗教と教育の二重構造が含意されていると思われます。

このように西にとっては、政治と宗教が一つでなければ真の国家ではないのです。しかもその宗教は「所謂宗教」ではなく、その国家固有の民族宗教でなければならないのです。先述したように、政治と宗教が一つでない国家を、西は「疑似国家」と呼んでいました。しかしあろうことか、西はヘーゲルの国家を政治と宗教が一つになった国家であると主張しています。西の主張を要約すると、そのような国家を構想したのは、プラトン以後ではオーガスチン（アウグスチヌス）、トマスですが、近代においてはホッブス（西はホッブズとは呼ばない）とヘーゲルということになります。とりわけ、ホッブスの『リヴァイアサン』で論じられる君主は「絶対的統一者」であることを本質としますから、まさしくこの君主の性格のゆえに、ホッブスの国家は治教一であると断じられます。また、ヘーゲルにおいては『エンチクロペディ』、さらには『法哲学』、とりわけその「モナルヒ」論において治教一が示されていると断定しています（同上、七三―七四頁参照）。

私はヘーゲルによるフランス革命批判の最も重要な結論の一つは、先述したように政教分離を明確にしたところであると考えます。したがって、西の政治と宗教に関するヘーゲル解釈は、間違いです。ヘーゲルは若い頃ギリシアの民族宗教の立場を礼賛した時期がありますが、すぐにそのような立場からは離れました。もちろん、ヘーゲルにとって宗教は精神的にとても重要な働きを有していますが、ヘーゲルが依拠するのはキリスト教、しかもプロテスタンティズムであります。しかし、依拠すると言っても、国家と宗教は分離すべきであるという立場がヘーゲルの立場です。このような誤解釈がなぜ生じたのか、必ずしも明確ではありませんが、戦時体制という時代背景やヘーゲル・ルネサンスという思想運動と無縁ではないでしょう。

## 第三節　国家の成り立ち

ヘーゲルは、ルソー（一七一二―一七七八、フランスの啓蒙思想家、哲学者）の社会契約国家を個人主義的・人為的国家として批判しています。ヘーゲルにとって、国家とは自然に形成された「神的なもの」でした。西はこのようなルソー批判と国家論とをヘーゲルと共有しています。しかし、以下の(1)と(2)の二点においてルソーを評価してもいます。この論点を深めることによって、西がどのような国家を夢見ていたかが理解できます。

### (1)　西のルソー評価 1――社会形成原理としての「讓」

一つ目は、西がヘーゲルに反してルソーの意志論を評価している点です。ヘーゲルはルソーの一般意志は単なる共通意志に他ならず、そこには自己否定のかけらもないと批判していました。しかし、西は主著『忠孝論』でヘーゲルとは逆に、ルソーの意志論を次のように高く評価しています。

> ルソーはすべての人が（中略）すべてのものを残らず棄て合う所に公民的社会の主体が生じるとしている。（『忠孝論』二二頁）

ヘーゲルはルソーの一般意志に否定性を見ていませんでした。しかし、西はルソーにも「棄て合う」という否定的意志作用があることを、社会を形成する公民の意志作用のなかに確認しています。西はこの「棄て合う」働きを、ヘルバルト（ヨハン・フリードリヒ・ヘルバルト、一七七六—一八四一、ドイツの哲学者、教育学者）の「委譲」（Überlassen）概念に先行するものと考えています。ヘルバルトの「委譲」とは、強制的ではなく自ら主体的に譲ることです。一時期流行した言葉を使うなら、主体的自己否定です。西はこのヘルバルトの「委譲」概念を権利の源泉とも考えています。「主張するところに何等の権利は起らず、只譲る所に始て権利が生ずる」（同上、二二—二三頁）のです。西はルソーの一般意志をこのような地平で理解していたのです。西にとって、委譲こそまさしく公民による社会形成に不可欠のものであると同時に、公民の権利の基盤でした。

それに続いて、西は「譲」についての哲学的議論を展開し、「委譲」こそ「一切存立の原理」（同上、二四頁）と結論します。「委譲」が「一切存立の原理」であるなら、それは万物の存在の原理であることになります。万物同士の相互委譲に着目すれば、それは「互譲」となります。西にとって委譲はこのように万物を貫く法則ですから、まさしく社会形成のための相互的原理として人間社会をも貫いているのです。

　では、委譲はいかにして可能になるのでしょうか。西は「譲の至極は喜捨であり、忘却であり、出離である」（同上）と語ります。そして出離の場所を「寺院、教會」（同上）に求めます。私たちはここに譲の働きに果たす宗教の役割を確認できます。私たちは日常生活の中でさまざまな「感情欲求」をもっています。しかし「心を虚しく」（同上）し、「虚心」になることによって、さまざまな感情を譲ることができるのだと西は考えます。「虚心」が生まれることによって「委譲」は可能になるのだとも言えます。西はこうした「虚心」が生まれる場所を「寺院、教会」と設定しているのです。したがって、譲り合う心の本である「虚心」は、寺院や教会がもつ宗教的働きによって育成されると言えるでしょう。つまり、相互に譲り合うという社会道徳の形成には宗教が大きな働きをもつと西は考えているのです。西は虚心を個人の内に形成し、それを通じて豊かな社会道徳に育まれた社会形成を構想しているのだと言っていいでしょう。そのことにもう一言付言するなら、西は国民の道徳意識を高めるために、宗教的情操教育（『教育勅語』）に裏打ちされた宗教的日常を国民に期待しているように、私には見えます。まさしくこの虚心への道程において働いているのが、宗教なのです。

　とするなら、ルソーの一般意志は単なる共通意志であると批判するヘーゲルは、一般意志の形成をいかなるものとして構想していたのでしょうか。「国家をおのれの実体」として自覚する境地への高まり、すなわち市民社会から国家への止揚において、ヘーゲルは宗教の役割をどの程度見積もっていたのか必ずしも定かではありません。ただ、国家と宗教を分離したとはいえ、ヘーゲルは両者の相補的関係は認めていましたので、決して宗教の役割を低く見積もってはいなかったのではないでしょうか。

いずれにしろ、西はヘーゲルとは逆に、ルソーの一般意志の中に、「委譲」という自己否定作用を認め、その作用を社会形成作用として理解しています。西は『日本國體』のなかでも同じことを語っています。そこでは、すべての個人が自分自身及び自分の物を残らず皆出してしまうところに形成される意志を「客観的意志」と呼んでいます。そしてこの意志は決して大勢の人々の単なる同意ではないとし、このような意志を国家形成の基礎としたところに、ルソーの国家が他より「一歩出たところ」であると明言しています（六四頁参照）。このように、西は宗教の内に、客観的意志形成作用を導く機能を期待していたのです。

## (2) 西のルソー評価 2――立法者について

西は『国民道徳講義』のなかで、ルソーは『民約論』では社会契約がいかにしてできたかは論じていないが、「立法者」は如何にあるべきかは論じているとして、以下の様に語っています。

ルソーは立法者は人の欲情を持たずして、あらゆる人間の欲を知っている者でなければならない。即ち、立法者自身は社会の仲間入りをせずして、また自分は寸毫も権力を望まず社会のために立法するところの一人の傑出した知者が出なくてはならぬことになる。立法者自身は我々人間の生まれつきとは似ても似つかぬものだが、我々の生まれつきをよく知っていて、自分の幸福にはちっとも関係がないが人の幸福を望むような人でなくてはならぬから、人間に法律を与えるものは神でなくてはならぬ。（『国民道徳講義』四三頁）

ルソーは人為的な社会契約によって国家成立を説こうと試みました。しかし、まさしくそのことによってルソーは「神的立法者」を要請せざるを得なかったと、西は主張しているのです。かかる立法者とは、人間のあらゆる欲望から解放され、いっさいの社会的栄誉からも解放された存在です。つまり、世俗を超越した存在です。西は、スパルタのリカリガスが王族を脱して立法者たらんとしたことや、古代ギリシアでは外国人に立法が委ねられたことを例として挙げています。そういう存在でなければ、立法者たる資格がないとルソーは考えたとして、西はルソー評価を次の様にまとめています。「ルソーは人為的に国家を説かんとして人を越えたものを立法者に予想するのでなければ、国家を説けないことになってしまった」（同上、四五頁）と。

西によれば、ルソーにとって国家はもともと人為的存在でした。すなわち、ルソーは自然と人為、自然的本能の世界と市民社会（正義の社会）の対立的区別を前提にして、立法者の立法＝社会契約を考えたのです。確かに、西が評価するようにその副産物として、ルソーは立法者に「神的立法者」という性格を付与せざるをえませんでした。そして、この立法者に基づいて正義の実現という立法化が行われることになるのです。しかしながら、所詮ルソーは自然的本能に基づいて活動する個人を前提に社会契約を考えるのですから、ルソーにあっては必然的に国家は人為的存在となるのです。ルソーの立法者論を評価する西も、この点にルソーの限界を見ています。ルソーは天為と人為の「二者を対立せしめんとして行き詰まるのである」（同上、四六頁）と。

実は、まさしくこのルソー批判の論点のなかに、西の国家観が隠されています。西にあっては、「天地開闢卽国家建立（てんちかいびゃくそくこっかこんりゅう）」でした。すなわち、国家は人為的制作物ではなく、言うなれば天地創造と共に存在する自然的存在でした。西はルソーの立法者論を評価しながら、その不十分な部分を以下の様にヘーゲルで補い、神的国家論とも呼ぶべき自己の「天地開闢卽国家建立」説を前面に押し出すのです。

> ヘーゲルによれば、ルソーは国家を人為によって説かんとして行き詰ったが……国家は人為を越えたところにあるのである。出来たもの作られたものとして見ることのできない永遠の意味をもっている。……ヘーゲルは国家は地上における神の顕現なり、神的永遠なものなりと見ているのである。（同上、四八頁）

西はヘーゲルの「神的国家」論をこのように自説の補強に使っていますが、ヘーゲルが使用する「神的国家」は、必ずしも西の理解とは一致していないということだけは指摘しておきたいと思います。ヘーゲルの「神的国家」像は、文字通りに理解しない方がいいのです。「神的国家」を理解するためには、ヘーゲルが国家と宗教の関係をどのように考えていたかを前提にしなければなりません。単純化して言えば、「神的国家」というタームは、ヘーゲルが教会（宗教）の上位に国家を定位するために使用した言葉であると言うことができます。この点に関しては、拙著『ヘーゲルから考える私たちの居場所』（晃洋書房、二〇一四年、六九頁以降）を参照してください。

広島大学図書館に西文庫（この目録は衛藤吉則『西晋一郎の思想――広島から「平和・和解」を問う』広島大学出版会、二〇一八年、に掲載）があります。戦後西家から寄贈された西晋一郎の蔵書です。その蔵書目録を調べ、実際に文庫を調査しました。そこには膨大なフィヒテの著書に対して、ヘーゲルの著書は一冊しかありませんでした。一八三二年、ヘーゲル没後に出版された『精神現象学』一冊です。膨大なフィヒテの著作には夥しい書き込みと線引きがありました。それに対して『精神現象学』は真白で書き込みなどは認められませんでした。

一方、西文庫ではありませんが、広島大学図書館には、多くの新ヘーゲル主義の文献があります。哲学系の蔵書は疎開していて、原爆の難を免れたから現在でも残っているのです。《第二次世界大戦末期、中国軍管区が広島文理科大学校舎の一部を接収して、ここに司令部を置きました。それによって哲学科などは郊外に移らざるをえなくなりました。この禍が多くの貴重な図書を残すことになったのです。なんと皮肉なことでしょう。》ひょっとしたら、私は西晋一郎はヘーゲルの原テキストではなく、新ヘーゲル主義の文献や、ヘーゲルの英訳及び英語の紹介文を読んでヘーゲルを論じているのではないかと思ったりします。なぜなら、西のヘーゲル理解には、新ヘーゲル主義的一面性が色濃くにじみ出ているからです。ヘーゲルの国家を宗教国家と断じる姿勢などその典型でしょう。

以上で、西の理想国家像をヘーゲル国家観との比較や、西によるルソーの社会契約論解釈を通じて明らかにしてきました。西の夢、西の理想国家像は「天地開闢皀国家建立」という言葉で示されているように、人為的国家ではなく自然的国家であり、神的国家でありました。それは天皇を中心に民族宗教に支えられた日本国家でした。西晋一郎にとって日本国がこのような国家として完成されることが「夢」であったのです。

# 第二章　西は君主はどうあるべきと考えたか

## 第一節　君主とはいかなる存在か

西は先の『国民道徳講義』でルソーに続きカントとフィヒテを論じ、まず彼らの国家論がルソーの延長線上にあることを確認しています。その後で突然「ヘーゲルに至って国家論は面目を一新した」（同上、四六頁）と宣言します。さらに、その国家論について「国家の要所のいずこにありやを知るには君主権を見るのが要点である」（同上、四八頁）とし、君主論を展開することになります。

西によると、君主は国家の基礎であります。『人間即国家の説』で「國あるは君主あるによる。……君無き國は國其の國にあらずして、僅かに社会的群居にすぎない」（二四〇頁）と語っています。西にとって国家とは君主国であり、それ以外の国家形態はありえないのです。君主のいない国は、たとえ国のように見えても、それは単なる集団にすぎないのです。君主があってはじめて、その集団は国家となるのです。その意味で、君主は国家の要です。西にとって、君主なき国家は国家ではなかったのです。

このように国家の基礎であり、国家の要である君主を西がどのように論じているか、再び『国民道徳講義』に戻って見てみましょう。西は君主をドイツ語で Monarch（モナルヒ）と呼ぶことが多いです。もちろん、君主にもさまざまな在り方があります。しかし、Monarch が「Majestät（尊厳性）」を有するかどうかが、西においては真の君主かそうでないかの分かれ目となります。では、真の君主の基準となる「尊厳性」とは何か。西はヘーゲルの「有機体論」を髣髴（ほうふつ）とさせるような仕方で次のように語っています。

> 身体においても生命は組織の部分に限られてあるのでなく、何処にもあるが何処にもない、即ち超越したものである。Monarch は生物の身体に於ける生命と同じようなものである。（『国民道徳講義』四八頁）

西はここで真の君主の条件である「尊厳性」の構造について語っています。生命は各臓器のなかにあり、そこで働いていますが、各臓器そのものではありません。生命は各臓器を越えた何ものかなのです。だから、生命は「何処にもあるが何処にもない」のです。つまり、生命は各臓器に「内在」していますが、各臓器を「超越」してもいるのです。生命のもつこの「内在的超越」（同上、五三頁でこのタームが登場する）というあり方が、Monarch が真の君主であるための基本条件となります。

　ここで少し「内在的超越」に止まってみましょう。有機体論を使って説明しても、「内在的超越」の意味はなかなか理解しづらいからです。西はある所で「内在」について次のように語っています。「国の元首が国家に内在しているのは王者の仁と全ての民の忠誠とが感応するのが、それが内在ということである」（同上、五六頁）。この引用文は私たちを西が昭和一八年に行った昭和天皇への御進講へと導きます。繰り返しになりますが、西はそこで『論語』顔淵篇子貢問政章を使って、政治には食（経済）、兵（軍事）、信の三つが大事であるが、「信」を失ったら国家が成り立たないということを御進講しました。その意味は、王者（君）が民を信じて政治を行えば、民は必ず王者（君）を信頼して各自の仕事に邁進し（忠誠）、国が治まるという事です。このような君と民との感応関係が成り立つのは、民の内に君が内在しているからに他なりません。君と民という上下の間にこのような信頼関係が成り立っている状態が、君の民への「内在」を表現しているのです。

「超越」について西がよく例として引き合いに出すのがスピノザの「神即自然」の解釈です。西によると「神即自然」は神と自然が同体であることを語ってはいますが、もしそれだけなら神を除いても自然は残るということになります。あるいは「天皇即国家」ともよく言われますが、両者が全くの同体であるなら「天皇を除き去っても国家があることになる」（同上、五八頁）のです。西によれば、そのような結論になるのは「自然が神である如く、遍在は超在なりということをみないからである」（同上）ということになります。神は自然と同体ではありますが、それと同時に自然を越えてもいるのです。また、天皇は国家と同体ではありますが、それと同時に国家を超えてもいるのです。これがよく使われる西による「超越」の説明です。

西は君主のこうした「尊厳性」を、君主であること以上の根拠はないという意味で「無根拠（Grundlos）」と呼びます。そうした尊厳性の根拠が「内在的超越」という君主の存在構造なのです。西はこの「内在的超越」という矛盾的同一者を、ヘーゲルの用語を使って「無限性（Unendlichkeit）」と呼んでいます。そして、内在的超越の構造をもつMonarchは、悟性的思惟では掴めず、「無限的思惟」によって初めて掴むことができると語っています。西にあっては、このような存在である君主を理解するために「無限的思惟」が要請されるのです。でも、一口に無限的思惟といってもよくわかりません。Monarchを畏敬の対象として捉えるなんらかの宗教的・神秘的直観という言い方がわかり易いかもしれません。このような無限的思惟の要請を「過剰な理想」につきものの属性と考えることもできるのではないでしょうか。

## 第二節　西の君主論の特質

### （1）　絶対的自己決定者

つぎに、上述の君主の基本的あり方から、具体的な君主のあり方が導き出されます。

その越えた君主権が具体的Monarchとなって表われねばならぬ。君主権の具体化がMonarch

　で法的組織の頂点である。その絶頂をいただくものでなければ理の実ではない。Monarch は最上の決意、越えることのできない終局の意思決定でなければならぬ。（同上、四九頁）

　内在的超越者はその性格上、自ずと社会組織の頂点として現れ出なければならないのです。そしてその社会の「終局の意思決定」者として決断しなければならないのです。しかも、その決定は「自己決定」であり、「人間の自由」に基づいて下されなければならないのです。そうでなければ、君主の決定は「超在的な神託」になってしまうと、西は言っています（同上参照）。西はヘーゲルの君主論を論評するとき、常に天皇の姿を思い浮かべていたと思われます。西にとって天皇は単なる超越者ではなく、この世に内在する存在者として、世上をすべて知り尽くしている存在です。天皇の決定とは、その上での自ら主体的に下される決断なのです。西はこのような決定によって、君主は「国家の主体」となり、そうした決定を下す君主に於いて「国家が国家となる。即ち真実となる」（同上）と結論しています。

　ヘーゲルにあっても、君主は国家意志を「われ意志す」という仕方で「自己規定的に」表現する存在として位置づけられていました。ヘーゲルによれば、君主の意志は「国家の人格性」を表すものでした。まさに自己意識をもった人格としての君主が決断するというこの構造こそ、近代国家の原理を象徴するものであるとヘーゲルは考えました。このように国家意志が君主の意志として表明されるという点において、西とヘーゲルの君主論は通底しているように見えます。

しかしながら、君主の決定の仕方やその内容を検討すると両者の君主論には大きな隔たりが見られます。右で述べましたように、西にあっては君主の決定は絶対的に「自分から始め」られ、「自分で自分を決定する」のです。西は君主のこうした決定を「絶対の決済」（同上、五三頁）とも呼んでいます。したがって、君主の決定は「結論」ではなく、徹頭徹尾「自己決定」なのです。この観点から、西は一見同じに見えるヘーゲル君主論を取り上げ、批判しています。そして、ヘーゲルは立憲君主制を理想としているから、君主の決定は憲政上の結論になり、その決定は「取り去ってよいもの」になると主張しています（同上、五〇頁参照）。ヘーゲルにおける君主の決定には輔弼（ほひつ）機関等の助言が大きな役割を果たしていました。したがって、君主はただ下から上がってきた結論に「諾（Ja）」と付け加えるだけの存在でしかなかったのです。これに対して、西にあっては君主の決定は自己決定であり、しかも取り替え不可能な「絶対の決済」でした。ここに西とヘーゲルの君主論の大きな違いを見ることができます。

西はここではMonarchではなく、はっきりと「天皇」と言い換え、天皇は憲政という政治制度すら自らに発する「絶対権」を有している存在であると明言しています。そして、そうであるがゆえに天皇は貴族制度をもつヨーロッパ封建国のMonarchとは異なる存在であると、両者を明確に区別しています。

さて、西が理想とする君主は一切を自己決定する存在でした。西はそうした君主をヘーゲルの言葉を借りて「君主はGrundlos（無根拠）である」（同上）と語ります。先述したように無根拠とは、君主は自己以外の如何なる根拠も持っていないという意味です。ヘーゲルは勿論君主権の絶対性を表すために「無根拠」という言葉を使用しているのですが、ヘーゲル同様西も、君主の自己決定を論じるこの場面でも、そして次の世襲君主制を論じる場面でも「無根拠」というタームを使用しています。

いずれにせよ、以上の「君主による絶対的自己決定」が、君主の基本的あり方から導かれる西の第一の君主制の特質であります。

### (2) 世襲君主

西が君主の基本的あり方から導き出してくる第二の君主の特質は、「世襲君主」です。西はこの「世襲」することをドイツ語でGeburt（誕生）とかNatur（自然）とも呼んでいます。世襲君主は自然性に委ねられるという意味で、やはり「無根拠」です。

ヘーゲルも西も世襲君主制を採用しています。しかし、その中身は異なります。ヘーゲルが世襲君主制を採用するのは、君主選びが「恣意によって動かされないもの」という立憲君主制の理念に基づいてのことでした。注意しておかなければならないのは、ヘーゲルにあっては王位の争いを避けるために世襲君主制が選ばれたのではなく、あくまでも立憲君主制の理念に基づいてそれが選ばれたという事であります。世襲君主制を採用することによって、争いが起こらなかったという結果から、世襲君主制は争いを避けるために導入されたと思われがちですが、決してそうではないのです。勿論、ヘーゲルは世襲君主制は無根拠であると明言はします。しかし、それは君主が血脈でつながれていくという意味で語られているにすぎないのです。

これに対して西の世襲君主論の根拠は徹頭徹尾「自然」です。それ故に無根拠です。西はこの自然を、人為に対して「天為」と呼びます。そしてついに次のように語ります。

> 天胤は自分の力ではどうすることもできないもの、天為である。……シナでは天は民のために帝を設えたとあるが、日本ではそうではない。天神に基づくのであるから絶対的で無根拠である。

（同上、五一頁）

ここで語られているのは、西の君主論の最も本質的な部分であります。すなわち、君主は天胤（てんいん）、つまり天の子孫、よりわかり易く言えば、神の子孫ということです。天、あるいは神はいかなる目的もなく自分の子孫をこの世に産み落としたのです。それは「何故に」という問いをも不可能にする無根拠の絶対的事実なのです。このように西の君主論は、いわば「神がかり」となってきます。そのような観点から、西はヘーゲルの世襲君主論を以下の様に論評しています。「〈ヘーゲルの世襲君主論は〉事実から出したものではなく、理論から立てたものである」（同上）。ヘーゲルの世襲君主論は、西にとってあくまでも理論的要請にすぎなかったのです。それに対して、西が「事実」というとき念頭に抱いているのは、日本の天皇制でした。

## 第三節　西の天皇論

西は昭和一八年の御進講以前に、一度昭和天皇とお言葉を交わしています。それは大正一五年のことです。まだ皇太子だった昭和天皇の広島行啓の際、勅任教授であった西は広島高等師範学校で皇太子に単独拝謁しています。「私は御前に進む際、脚の膝が自然に曲つて平伏したくなるのを覚えた」（『清風録』五頁）というその際の西の感動が伝わっています。西は個人的にも天皇を信奉していました。西は昭和一五年、『教育勅語衍義』を出版していますが、そこで外国の王と日本の天皇を比較し両者の違いを明らかにするとともに、日本の天皇の特質を際立たせています。

外國の主といいますのは覇者のことで、周の文王の如き大に徳があつて、その子孫が何百年の長い間天下を治めましたが、あれは生まれ出てから知識が勝れ、道徳に勝れ、才略にたけていたのでそれによって天下を統一し、その主となったのでありますが、我が國の主とは生まれられることで、お生まれになるといふことによって主となられるのであります。従って如何なる智徳があっても、才略に勝れていてもそれで主となるのではありません。孔子が如何に聖人であるからといっても、孔子ではどうすることもできません。天照大神の御種として生れられなければ我が國の主となることは出来ない。（『教育勅語衍義』賢文社、一九四〇年、二五頁）

ここで西は中国と日本の君主の違いをはっきりと述べています。西は中国の君主を「覇者」と言います。覇者とは自分のなんらかの力で君主の地位を獲得したものの総称です。『国民道徳講義』では、さらに中国における覇者としての君主の特質に言及しています。中国では天が「有徳者」や「聡明な者」に君主を命じます。しかし、君主の徳が衰えれば、天は新たな君主を命じることになります（易姓革命）。西はここに、民が国の本であり、民の幸福が基本にあるという中国的思想を見ています（『国民道徳講義』五三頁参照）。西にあっては、このような中国的君主論は日本には当てはまらないのです。すなわち、日本の皇室、天皇はなるほど民の内に内在していますが、同時にそれを超越してもいるのです。天照大神は、『古事記』や『日本書紀』という日本神話のなかで最も権威ある神であり、皇室の祖先とされています。その血筋を引いていなければ、なにがあっても天皇にはなりえないのです。ここに天皇の「超越性」、「尊厳性」があります。いかに智徳豊かな孔子といえども、天照大神の血統を引いていないから天皇にはなれないのです。天照大神の血を引いているという意味では、天皇は神の子孫であります。

とするなら、次に国家が先か、天皇が先かという問題が生じます。これまでもたびたび語ってきた西の「天地開闢即国家建立（てんちかいびゃくそくこっかこんりゅう）」について、今ここで少しこの意味について考えてみたいと思います。一般には天地開闢は自然的事柄であり、国家建立は精神的事柄であります。したがって、両者は別々の事柄です。しかし、西はそのような二元論は採りません。私が『ポツダム』ですでに述べているように、西は『忠孝論』で確立される理一元論の立場を採ります。その立場から見れば、天地開闢も精神的なことでその中に国家成立の内容が兆していると解釈できます。すなわち、天地開闢の中に国家の建設が含まれているのです。

天地開闢と国家の建立とは時間的にはへだてがあっても、その中にはすでに理が含まれているので、天神の命にはへだてがない。（中略）国土の生産が国家建設の意味である。（同上、五四―五五頁）

このように天地開闢即国家建立の意味は、必ずしも両者が全く同時に始まるというのではなく、天地開闢のなかに国家建立が理として同時に存在しているという意味であります。神が天地を開いたときに、同時にその中に国家建立の計画が書き込まれていたと考えていいのではないでしょうか。したがって、神の命としては天地開闢と国家建立は同時なのです。ただ、国家建立は国土建設の後で、国土建設とともにあった計画に従って行われるのです。したがって国家建立が天皇（皇室）より先ということはありません。天皇（皇室）とともに国家は建立されるのです。『教育勅語衍義』で西は、「我が國は皇室の御祖先の神々が國を生まれたのであるから、國家と皇室（皇家）との関係が、皇室に先立つ国家はない」（二六頁）と明言しています。

ここで第一部を振り返って少し付け加えておきます。その第五章第二節で日本国政府がポツダム宣言受諾の代わりに、連合国に要求した条件を問題にしました。それは一言で言えば、現にある天皇制の護持でした。それを迫水は「天皇の国法上の地位」と表現しました。その表現に対して枢密院議長の平沼騏一郎が日本の天皇の地位を知らない無知者の表現として激怒し、「天皇の国家統治の大権」に書き改めさせせました。なぜなら、迫水の表現では天皇は立憲君主に成り下がるからです（ヘーゲルの君主と同じになるのです）。天皇の地位は、大日本帝国憲法で定められているからといって、決して憲法に基づいてあるのではないのです。『教育勅語』にあるように、天皇が国に先在し、天皇が国を作ったのです。これが平沼が迫水の原案を書き直させた論拠でした。この書き直しの件を知ったとき、私は平沼を西晋一郎に重ね合わせていました。『教育勅語衍義』を書いた西は、当然この平沼の意見に賛成するでしょう。とすれば、『教育勅語』は憲法の憲法として君臨していたことになります。ポツダム宣言受諾を思い起こし、若干付け加えてみました。

以上から、いずれにせよ天皇は天照大神の血筋を引く神の子孫であり、日本国は天皇とともにある、と言うことができるでしょう。かかる存在としての天皇は、自ら司る「祭祀」においてその存在意義を示します。「天皇は現人神にして天胤であるとの点において神と直ちに接している」（『国民道徳講義』五二頁）。神と天皇との間には隙間はないが、常にそうあらしめるのが「祭祀（さいし）」であります。祭祀とは、それを行うことによって天皇が、「神皇一」になるところを失わないようにする仕組みであると、西は言うのです（同上、五三頁参照）。祭祀によって天皇の御心が神の心となるのです。こうした働きによって天皇は人であると同時に神であります。

それに対して日本国憲法下、天皇は「象徴」としての天皇像を確立せんと努力されています。平成天皇の生前退位などその現れでしょう。

《幣原喜重郎は新憲法起草の苦労を語りながら、天皇の「象徴」という表現の由来について以下の様に伝えています。

新憲法において、天皇は日本の象徴であるといって「象徴」という字を用いた。私もこれはすこぶる適切な言葉だと思った。象徴ということは、イギリスのスタチュート・オブ・ウエストミンスターという法律、これは連邦制度になってからだから、そう古い法律じゃない。その法律の中に、キングは英連邦（ブリティッシュ・コモンウェルス・オブ・ネーションズ）すなわちカナダやオーストラリアや南アフリカなどの国の主権の象徴（シンボル）であると書いてある。それから得たヒントであった。（幣原喜重郎『外交五十年』中央公論新社、一九八七年、二〇一五年、二三二—二三三頁）

ここに「象徴」という表現の由来が明確に述べられています。「シンボル」であると。ここにはいかなる神性もありません。》

他方で、現在でもなお天皇は伝統的な皇室行事である数多くの祭祀をとり行われています。しかし、この祭祀が西晋一郎の語っているような、「天皇の御心が神の心となる」ある種の神的行為として位置づけられるとすれば問題であるかもしれません。ただただ象徴としての天皇は、私たちの国が安らかなることを願っておられるだけでしょう。その行為を伝統の中で理解しようとするとき、私たちの中にはどうしても神的行為として見るなにか不思議な心の働きがまだ残っているように思います。私は「はじめに」で「天皇という伝統的存在が、象徴としての天皇のうちに納まりきるのかどうか」という問いを提起していました。大日本帝国憲法から日本国憲法へ、そして「現人神」から「象徴」への移行は、実はまだまだ積み残したものを抱えているのではないでしょうか。そしてそれは私たちの心の中にもあるのです。私たちの心の中にある「積み残したもの」を「肯定するのか」、「否定するのか」、「意に介さないのか」、私たち国民にゆだねられている課題ではないかと思います。天皇自身がご自分で解決できる問題ではないのです。

さて、西の天皇論の最後の特質について見ておきましょう。西は『国民道徳講義』その他でも、「民生於三(おさん)」についてよく語っています。民生於三とは、日本における天皇と国民との関係を表現している言葉です。これについては拙著『ポツダム』で詳述したので、ここでは簡単に紹介しておきます。

西によると、日本における天皇と臣民である国民との関係は三つの関係で成り立っています。民生於三とは「父生之、君養之、師教之」です。西はすべての国民はこの三つで生きていると言います。つまり、父（親）が子（国民）を産み、君（天皇）がこれを養い育てます。そして子は父であり、君である師の教えがあって人間となります。民生於三とはこのような意味です。ここで私たちが注目しておかなければならないのは、天皇と国民の関係が、父と子の関係であると同時に、師と弟子の関係でもあるということです。それは天皇が国民の師として、国民の道徳的目標であるということを意味しています。このことを、西は『人間即国家の説』のなかで、民生於三を君の方から見て、次のように語っています。

父の意を有たぬ君はその政治が権力のみに依るものとなり、師の意味を有たぬ君の法律が宗教道徳を餘所にするは免れぬ。（二四四頁）

この文章は含蓄が深いと思います。すなわち、日本の天皇が宗教的道徳的存在であることを余すところなく伝えているからです。この引用文は、天皇は国民を父のように自分の子として慈しむと同時に、国民から見たら先生のような道徳的目標でもあると語っているのです。もしそうでないなら、政治権力は単なる暴力装置になり、教育は単なる拘束作用しか持たないものとなるでしょう。西はここで注意深く単に道徳と言わずに「宗教道徳」と語っています。この言葉は、国民の師である天皇が、単に道徳的目標にとどまるのではなく、道徳を根拠づける宗教的働きも併せもっているということを示しているのです。「教育勅語」の最後に天皇の御名御璽（ぎょめいぎょじ）があり、「教育勅語」が天皇によって渙発（かんぱつ）されたというのは、天皇が道徳の目標のみならず、道徳の根拠でもあるということの表現です。

以上を要約するとつぎのようになります。天皇は神の子孫であり、日本国はこの神たる天皇と共に始まり、天皇と共にある。そしてこの天皇は、国民の道徳的目標であるばかりでなく、道徳の根拠でもある。ヘーゲルも日本の天皇制と同じく世襲君主制を主張していましたが、西のように君主を道徳的目標などとは考えてもいなかったのです。

さて、これまで西の天皇論をヘーゲルの君主論と比較しながら、その特質を明らかにしてきました。それによると、西の天皇はヘーゲル（ヨーロッパ）の君主に比べて極めて過重なものを要求されていました。その過重なものは、「国家統治の大権」という言葉に集約されるように思います。そのような大権は明治以前の天皇にはなかったものです。なぜそのようになったのかについての一つの解釈を紹介して本章を終わりたいと思います。

三谷太一郎は、大日本帝国憲法起草責任者であった伊藤博文の考えにその原因を求めています。伊藤はヨーロッパに伍する近代国家建設の手始めとして、まず憲法起草にあたります。そこで伊藤が痛感したのは、日本における「国家の基軸」の不在でした。「国家の基軸」とは、国家の精神的根拠・基盤となるもののことです。伊藤はヨーロッパ諸国の精神的基盤を形成している神に代わる存在を、天皇に求めることになります（三谷太一郎『日本の近代とは何であったか――問題史的考察』岩波新書、二〇一七年、二一三―二一七頁参照）。一切の存在するものの根拠、一切の善悪の根拠としての神（謂わば一神教的な神）は、もともと日本には存在しませんでした。そこで、天皇にそのような存在役割が仮託されることになるのです。三谷は福田恒存の『近代の宿命』を参照しながら次のように語っています。

日本がヨーロッパ的近代国家をつくろうとすれば、ヨーロッパ的近代国家が前提としたものを他に求めざるをえません。それが神格化された天皇でした。天皇制はヨーロッパにおけるキリスト教の「機能的等価物」（ウイリアム・ジェームズのいう functional equivalent）とみなされたそうです。（同上、二一六―二一七頁）

ヨーロッパにおけるキリスト教の神の「機能的等価物」として、近代日本の神格化された天皇制が設えられたというこの見解はおおむね首肯できるものです。明治以降、天皇は現世も来世も支配するという大権を否応なく手にすることになりました。しかしそればかりでなく、近代日本の天皇制は「ヨーロッパにおける君主制（特に教会から分離された立憲君主制）以上の過重な負担を負わされる」（同上、二一七頁）ことになるのです。こうして天皇は、ヨーロッパにおける君主とキリスト教の神という二つの役割を背負うことになります。それはこれまで論じてきたように、「大日本帝国憲法」ではなく、むしろ「教育勅語」において明確な表現を与えられます。実はこのように、日本近代の天皇制は近代ヨーロッパの君主どころか、キリスト教の神さえも凌駕する存在になっていくのです。次章、西晋一郎の「恩赦論」でそのことが明瞭になります。

最後に但し書きとして一つだけ付け加えておきます。近代日本の天皇制は、たとえ伊藤博文の構想から始まったとしても、彼が描いた天皇像が定着するには、それを受け容れる国民の側に、それなりの素地がなければ定着できません。たとえ、新しい天皇像の導入プロセスが見事に整えられていたとしても、国民の中に新しい天皇像（例えば、教育勅語の天皇像）を受け容れるだけの受容可能態がなければ、受容は不可能ではないでしょうか。国民の中に、たしかにそのような受容領域があったのです。それは一体いかなるものであるのか、ここに日本文化の問題があるような気がします。

# 第三章　西とヘーゲルの恩赦論

## 第一節　恩赦とは

西とヘーゲルの君主観の違いは、恩赦を論じるときにより明瞭になって現れてきます。しかし、両者の恩赦論の違いを論じる前に、恩赦について概説的に述べておきます。

国家は強制的権力を持っています。法を犯した者に刑罰を与えるのは、この権力です。しかし、刑罰を与える権力は、同時に刑罰を減じる権力も持っています。これが恩赦権です。日本国憲法において、「恩赦」に関する記述は第七条の六にあります。第七条は「天皇の国事行為」に関する規定です。したがって、天皇は「内閣の助言と承認により」、第七条六にある恩赦を認証する行為を行うことができます。ただ、天皇は「内閣の助言と承認」に基づいて恩赦を認証するだけですから、恩赦権は内閣にあります。因みに、大日本帝国憲法では、第十六条に「天皇ハ大赦特赦減刑及復権ヲ命ス」という恩赦についての記述があります。大日本帝国憲法においては、恩赦権は天皇にありました。

さて、日本国憲法第七条六は「大赦、特赦、減刑、刑の執行の免除及び復権を認証すること」と天皇の国事行為を規定しています。恩赦権の帰属主体は先述したように両憲法で異なっていますが、恩赦の内容は「刑の執行の免除」が加わった以外、他は同一です。現憲法下、恩赦については「恩赦法」によって細かく規定されています。恩赦法は、大赦、特赦、減刑、刑の執行の免除、復権を詳しく規定しています。これらを簡単にまとめれば次のようになります。大赦は政令で定められた種類の罪の効力を失わせることです。特赦は有罪者のなかの特定の者の罪を失わせることです。減刑、刑の執行の免除は文字通りです。復権とは資格を回復することであります。

恩赦はどこの国にも存在しています。例えば、イタリア共和国憲法は第七九条で恩赦を規定し、議会にその権限を認めています。フランス第五共和国憲法では、第一七条で恩赦を規定し、大統領にその権限を認めています。ドイツ連邦共和国基本法では第六〇条で恩赦を規定し、連邦大統領にその行使を認めています（樋口陽一・吉田善明編『解説 世界憲法集 第4版』三省堂、二〇〇四年、を参照されたい）。恩赦は基本的にいったん確定した罰や刑を無効にすることでありますが、なぜそのような「取り消し」が必要であるのかの究明、すなわち恩赦の存在論とでも呼ぶべき哲学的探査が必要でしょう。しかし、本書はそのような議論の場所ではありません。以下では、西とヘーゲルが、恩赦についてどのような立場に立っているのかという観点に焦点を絞って論じます。

## 第二節　ヘーゲルの恩赦論

ヘーゲルは彼の生涯において七回の法哲学講義を行っています。彼はすでに一八一七／一八年冬学期、ハイデルベルクでの最初の法哲学講義から恩赦について語っています。法哲学講義のために唯一出版された著書がこれまでたびたび引用してきた『法の哲学綱要』です。これをテキストに一八二四／二五年冬学期にベルリン大学で行われた最後の法哲学講義でも、ヘーゲルは恩赦について語っています。

ヘーゲルは『法の哲学綱要』では、その二八二節で「犯罪者に対する恩赦権（Begnadigungsrecht）」について語っています。ヘーゲルによると、恩赦権は君主権に由来し、君主権に所属しています。ヘーゲルは恩赦権を、君主がもつ「精神の尊厳性」（die Majestät des Geistes）の現れであると考えています。第二部第二章ですでに述べたことですが、ヘーゲルによると君主の意志決定は国家の「究極のもの」（『法の哲学綱要』二七九節補遺）でした。この決定は国家の決定にその精神性を付与することでした。ヘーゲルにあっては、君主はこのような尊厳性をもった存在ですから、恩赦権をもつと考えることができます。

恩赦とは、「為されたことを為されなかったこと」にすることであり、「犯罪者の行為を許したり、忘れたりして無しにする（vernichten）こと」（同上、二八二節）です。それでは、恩赦によって罪は全くなくなるのでしょうか。この文章では vernichten という動詞が使用されていますから、無くなりそうに見えます。しかし、ヘーゲルは次のように語っています。

> 恩赦は刑罰の免除ではあるが、法がその刑罰を廃棄するのではない。法はむしろ存続しており恩赦を受けたものは依然として犯罪者なのである。（同上、補遺）

恩赦はあくまでも刑罰の「免除」（Erlassung）であり、犯した罪が無くなるのではないのです。犯した罪、科された刑罰は無くなることはありません。執行が免除されるだけです。とするなら、ヘーゲルにあっては罪も刑罰も無くならないのでしょうか。現実の国＝国家においては無くなることはないのです。しかしながら、「刑罰の廃棄（Aufhebung）は宗教（Religion）によって行うことができる」（同上）とヘーゲルは語っています。ヘーゲルにおいては、恩赦には宗教という次のステージが用意されているのです。すなわち、恩赦によって刑罰は免除されるだけであって、無になることはありません。しかし、宗教によって犯した罪も刑罰も無くなる可能性が出てくるのです。ヘーゲルにあっては、このように国家（政治）と宗教の役割は明確に区別されています。ということは、ヘーゲルにおいては、これまで折に触れて述べてきたように、君主は宗教的役割を持たないということになります。

## 第三節　西晋一郎の恩赦論

西晋一郎の恩赦論は主著『忠孝論』で詳しく論じられています。西にとって恩赦（西は「大赦」という用語を使用しています）とは「嚴正に法によって断じたことを或る意味で無にすること」（『忠孝論』四〇頁）であります。社会や国家の厳正な規則である法は順守されなければなりません。だから大赦によって法を無にすることは不可能であるように思われます。しかし、西は「非常の大赦」が行われることがある、と言います。では、大赦はいかなる存在によって行われ、それは人間社会にとっていかなる意味をもっているのでしょうか。

（前略）法をたてて法に居らざるものが眞の立法者である。非常の大赦は此眞の立法者の面目の發露であって、此所に却て法の盤石の根底あるを知る。これによって法は死物でなく、法によって生命の流行する所以を知る。（同上、四〇―四一頁）

大赦を実行できるのは、法自体を作り、なおかつ法を超えた存在者だけです。それは第二章第一節で述べた「内在的超越者」である君主に他なりません。西は「眞の立法者卽君」（同上、四一頁）と語り、この君を「生命の生命」とも呼び、その内在性と超越性を表現しています。しかも、君主の行う大赦は法を無にすることであるにもかかわらず、「立法者の面目の發露」であるばかりでなく、法を盤石なものにする働きであると言うのです。

大赦はある意味、法を犯すことです。しかし、先の引用文で、西は内在的超越者である君主の行う不法（大赦）は時として法の完成である、と語っているのです。西はここで法（一、形式、形相）と生命（多、実質、質料）という対立者が、生命の生命である君主の大赦によって流動化し、それによって法に真の生命（実質）が与えられると主張しているのだと思います。私たちはここでの西の大赦論を「非常の大赦は法を活かしこそすれ法を乱す患はない」（同上）という結論で止めておきます。なぜなら、そうしないと私たちは理一元論という西の形而上学を長々と論じなければならなくなるからです。

ヘーゲルは恩赦論の最後に、宗教の働きについて触れていました。西もヘーゲル同様に次のように宗教に触れています。

大赦は善悪不二の象徴であり、摂取不捨の消息であって、國家の根底に宗教がはたらくことを語る。（同上、四二頁）

大赦は善と悪という相対立するものが、実は一つのものであることを象徴的に伝えているのです。私たちはそうした大赦によって神が私たちを御許に取り入れてくださり（摂取）、決して見捨てたりしない（不捨）のだということを知ることになります。このように恩赦を通じて、現実の国家の中に宗教が働いているのです。上の引用文は、このように読めます。とすれば、西にあっては現実の国家においては罪は無くなるのです。

## 第四節　恩赦と宗教

ヘーゲルにおいても、西においても恩赦を遂行できるのは君主だけです。しかし、ヘーゲルにあっては恩赦は刑罰を免除するだけです。つまり、犯された罪及び科された刑罰自体が無くなるのではないのです。しかし、西にあっては君主の恩赦（大赦）によって、犯された罪及び刑罰自体が無くなるのです。それどころか、大赦によって法は完成するに至るのです。

『国民道徳講義』で西は、君主のもつ「超在」（超越性）の側面をはっきりと「宗教性」（六一頁）と規定し、その「宗教性」の現れた姿が「恩赦」であると語っています。（同上参照）君主は「超在」という「宗教性」をもつから「恩赦権」（西は講義では、Gnadenrecht というドイツ語をあてている）をもつのです。このような君主がもちろん「天皇」ですが、天皇はまさしくこのように宗教的存在であるから、この世で犯した罪をこの世で許すことができるのです。

それに対して、西はキリスト教教会は国法を犯した罪人をこの世では許すことができず、ただ天国にて赦すだけである、と続けます（同上、六二頁参照）。第一章で、ヘーゲルにおける国家と宗教の関係についても言及しておきました。両者の関係は、「対応」関係にありますが、両者は厳しく「分離」すべきであるということが原則でした。その上でヘーゲルは両者の「相補」的関係を認めてはいました。しかし、ヘーゲルの基本原則は、国家と宗教の分離でありました。したがって、君主はいかなる宗教性も有していませんでした。それ故、ヘーゲルにおける君主は、刑罰は免除できても、それを無にすることはキリスト教に委ねなければならなかったのです。ただ、そのキリスト教ですら、罪人をこの世ではなく、天国でのみ許すことができるにすぎない、と西は語っているのです。

第二章第三節で西の天皇観について述べました。それによると、天皇は神の子孫でありました。だから、天皇は生れつき宗教的存在だったのです。このような存在ですから、天皇は教育勅語を通してみずから国民に道徳を与え、その目標にもなりえたのです。それと同時に、道徳や法を超えた存在として、法や道徳を破った罪びとを赦すことができたのです。西は「罪はあっても救われるのが宗教で、正しくなければ救われぬのが道徳である」（同上、六一頁）と語っていますが、まさしく西の天皇は道徳を与えると同時にそれを破るものを赦し救う存在でもありました。西によれば、法は自らの内に法を破るものを赦す機能をもつことによって法として完成するのだと考えていました。そして、そのような法を可能にするのは超越的内在者としての天皇だったのです。西は、このような理念としての天皇に基づいて形成された国家の実現を、夢見ていたと言っていいでしょう。

# 第三部

# 「核絶対否定」の夢

森瀧市郎

私は前著『ポツダム』の「まえがき」で、戦前の日本哲学界の二つの巨星、西田幾多郎と西晋一郎の二人とも原爆を知らずに鬼籍に入ったことを報告し、両者が原爆を経験していたら両者の哲学にどのような影響を与えたであろうかと推測しました。

一方、第一部でお伝えしたように、マッカーサーは原爆投下直前に原爆のことを知らされました。彼は日本占領によって具体的で正確な原爆の威力を知ります。マッカーサーこそその情報をもっともよく知ることができる立場にありました。その恐るべき情報がマッカーサーを一時的にせよ、理想主義者に仕立て上げたのではないかと、私は考えています。とすると、原爆がマッカーサーの夢の作者ということになります。そうだとすれば、原爆投下が日本国憲法第九条誕生のきっかけになったと言っても過言ではないかもしれません。世の中はなんてアイロニカルなものから出来上がっているのでしょう。

いずれにせよ、人類史において原爆の開発は、それほどに人類の未来を塗り替えてしまうとてつもなく巨大な出来事でした。なぜなら、なんと言おうが、人類はついに核によって自分自身で自分自身を絶滅させる力を手に入れたのですから。西晋一郎がこの事実を知ったら、彼の哲学はどのように変わったでしょうか。しかし、西はもうこの世に存在しないのですから、想像するしかありません。そこでこの第三部では、その代わりと言ったら語弊がありますが、西の高弟森瀧市郎（一九〇一―一九九四）の戦後の夢、「核絶対否定」という反核思想について論じます。つぎにそれを手掛かりにして、核兵器を含む核エネルギーの問題について考えてみます。その際、現代の核政策の理想的象徴のように見えるドイツの最近の核政策、とくに三・一一後のメルケル首相の決断と政治を、日本の政策と比較するためにも取り上げてみたいと思います。最後に、森瀧市郎は戦後になって平和の使徒となりますが、戦前は西晋一郎の弟子として国家主義者でありました。戦前の森瀧はいかなることを考えていたのか。こういう所にはあまり手を突っ込まないのが「武士の情け」かもしれません。しかし、ここに手を突っ込まないと戦争が見えてこないのです。だから、戦前の森瀧の論文を手掛かりに、平和の使徒の戦前の思想を明らかにします。そして、戦前の森瀧と戦後の森瀧の思想を比較したいと思います。

# 第一章 「マッカーサーの夢」の系譜としての森瀧市郎の夢

## 第一節 森瀧市郎の生涯スケッチ

森瀧市郎は、一九二一（大正一〇）年広島高等師範学校の英語科に入学し、西晋一郎を知ります。卒業後、地元三次中学校の教諭になりますが、二年で辞職し京都帝国大学文学部哲学科に入ります。その後、大学院に進学しさらに英米倫理学の研究を深めることになります。森瀧は院生最後の年（一九三〇（昭和五）年）に、西晋一郎の御伴をして満州の大連や旅順に遊んでいます。森瀧はその旅の様子を、西晋一郎一〇周忌に発刊された『清風録』に綴っています。

大連埠頭で懸命に働く筋骨隆々の中国人苦力（クーリー）の一日の食費がわずか二三銭であると聞いた森瀧は、西に次のように話しかけます。日本の女工は故郷の親へ生活費を送金しなければならないので、中国人苦力より安い食費で生活していること。そうした親孝行が原因で女工には結核が多いこと。聞きかじりの知識で森瀧は西にこのように話したところ、西はあたりを憚(はばか)ることなく大きな声で「大体私はカロリー説など信じない」と断じ、女工の栄養問題について論じ始めたようです。当時、西の実弟は医者で綾部(京都府)にある繊維工場の健康指導の一環として玄米食を導入し成果を上げていました。そのような縁もあって西自身も玄米食を取り入れていました。当時の西は玄米食もあってとても元気でした。森瀧はそういう西を「飄々とした精力絶倫の人」と表現しています。そういう西にとって、森瀧の話は「親孝行が結核の原因である」と聞こえたのです。「孝」を極めて高い徳として説く西にとっては、黙ってやり過ごすことのできない一大事だったのです。怒られた森瀧は冷や汗ものだったようですが、裏を返せば西と森瀧はそれほどに親しかったのです(『清風録』西晋一郎先生一〇周忌記念事業会、一九五四年、一三七頁以下参照)。翌年、森瀧は広島高等師範学校教授として、広島に帰ってきました。そして同年(一九三一年)一二月西晋一郎の次女である「西しげ」と結婚し、白島中町に新居を構えます。

森瀧市郎は結婚一四年後、広島市江波にある三菱重工・広島造船所で被爆します。高等師範学校の生徒を引率してのことです。森瀧はそこにあった教官室で被爆し、ガラスの破片で右目を失いました。両眼失明の可能性もあったので、その後故郷近くの吉舎町にあった眼科医院に入院し治療を受けます。この入院中に、後の核絶対否定につながるインスピレーションを得たことを、森瀧は多くの機会に語っています。そのインスピレーションを森瀧流に表現すれば「力の文明から愛の文明へ」ということになります。その後、学園に戻った森瀧は広島文理科大学文学部教授に就任。次いで、文理大の廃止に伴って広島大学文学部教授専任となりました。

森瀧は広島大学で教鞭をとりながら、精力的に平和運動に取り組み、被爆者の先頭に立ってヒロシマを導いていきます。特筆すべきは分裂騒動という混乱を乗り越えて、「原水爆禁止国民会議」を立ち上げ、死ぬまで日本の平和運動の先頭に立ち続けたことです。通称被爆者援護法はそれまでの被爆者に関わる法律を統合する形で、一九九四年森瀧の死後制定されますが、これも森瀧の長い間の精力的な働きかけがあったからです。このように平和の伝道者森瀧を象徴する姿は、原爆慰霊碑の前での核実験に対する抗議の座り込みに見ることができます。座り込みは、最初は一九六二年のアメリカ・ソビエトの核実験に対して行われました。恒例となったのは、一九七三年のフランス核実験に対する座り込みからです。私たちは核実験が行われるたびに、原爆慰霊碑の前で数人の支持者とともに、前方を静かに凝視しながら抗議の座り込みを行っている森瀧の姿を見ることになるのです。森瀧は戦前、西晋一郎の主宰する禅の会で参禅していましたから、その姿は堂に入っていました。たぶん、広島県民の多くの人の瞼の中にその凛とした姿が映像として残っていることでしょう。一九六五年の広島大学定年後森瀧は、日本国内ばかりではなく、世界中で民間平和外交を繰り広げます。しかし、一九九四年一月二五日、広島赤十字原爆病院で九二年の生涯を閉じました。

## 第二節　森瀧市郎の夢――核絶対否定

本節では森瀧の生前に企画され、死後すぐに出版された森瀧市郎『核絶対否定への歩み』（溪水社、一九九四年、以下『核絶対否定』と略記）を手掛かりに、広島ならず日本の平和運動を引っ張っていった森瀧市郎の平和思想＝夢を見ていきます。

### （1）　核兵器否定としての核絶対否定

『核絶対否定』は森瀧の日記から始まります。東北大震災後の時代を生きる私たちが聞いたらびっくりする事から日記（一九五五年一月二八日付）は始まっています。「広島にアメリカが原子力発電所を贈る（つくる）」という出来事から。広島の浜井信三市長などの働きかけもあって、アメリカのイェーツ下院議員が「広島に原子力発電所を建設すべし」という提案を行いました。この報道に対して、森瀧は「うかつに受け入れてはならぬ」ことを報道機関を通じて発表し、原発建設の懸念材料を五点にまとめて発表しました。この報道にあわてたのは、広島への原子力発電所誘致を進めてきた浜井広島市長でした。どのような考えで浜井が原発誘致を行ったかがよくわかるので、その新聞談話を以下で掲げておきます。

原子力平和利用は一昨年から私が米国によびかけていたもので、とくに昨年渡米したときマイク正岡氏にもたのんだ。彼の熱心な運動が実を結んだのだと思う。しかし微量放射能による悪影響が解決されない限り平和利用はあり得ない。いずれにしても原子力の最初の犠牲都市に原子力の平和利用が行われることは、亡き犠牲者への慰霊にもなる。死のための原子力が生のために利用されることに市民は賛成すると思う。（『核絶対否定』五頁）

浜井の考えでは、原発は「生のための善意の贈り物」だったのです。この時点では、核の核兵器としての軍事利用は悪であるが、核の平和利用は善であると考えられていました。世界的にもそうでした。

原爆投下後の広島

日本同様に第二次世界大戦敗戦国であるドイツでも事情はおなじでした。私たちは東北大震災後すぐの二〇一一年一一月に広島大学にドイツの哲学者ゲルノート・べーメ氏（ダルムシュタット工科大学名誉教授）を招聘し、「ドイツの不安？　それともドイツの奇跡？　フクシマとその帰結――ドイツの場合」（後藤弘志訳）というタイトルで講演してもらいました。その講演は、ヒロシマ・ナガサキを経験し、さらに福島第一原発のメルトダウンを経験しておきながら、なぜ日本は原発廃棄という政策を採用しないのか、というクエスチョンから始まりました。その時点でドイツは二〇二二年までに全原発を廃棄することを決議していました。講演はそのような疑問提起の後すぐに、核の平和利用の話に移りました。ベーメによると、アメリカとの原子爆弾開発競争に負けたドイツの物理学者たちは、原爆広島投下の報をイギリスの古城ファーム・ホールの捕虜収容所で聴いたということです。そしてその報を聴いたカール・フリードリッヒ・フォン・ヴァイツゼッカー（一九一二―二〇〇七、ドイツの物理学者、哲学者、統一ドイツの初代大統領リヒャルト・フォン・ヴァイツゼッカーの兄）は直ちに「今後ドイツの核エネルギー開発は平和利用に限るべし」という原則を打ち出したそうです。このとき捕虜収容所の会話は完全に盗聴されていました（『ぷらくしす』復刊第一三号、一〇七頁参照）。ベーメはそれに続けて次のように語っています。

カール・フリードリッヒ・フォン・ヴァイツゼッカーが核エネルギーの平和利用への明確な転換を打ち出したことには、ナチス政権に加担してしまったという辛い認識も作用していた。それゆえ、戦後ドイツが、核エネルギーの平和利用を目的とした核研究および核技術開発を強く推進した背景には、原子爆弾の開発に関与した物理学者たちの良心の呵責があったということができる。（同上）

ベーメは核の平和利用是認はドイツ人学者たちのナチスに加担してしまったことへの「良心の呵責」が原因であったと断言しています。そのような決断であるから、原子力平和利用がもつリスク評価が低く見積もりされたことをベーメは付け加えています。いずれにしろ、（西）ドイツもこの物理学者たちの意見に従って、核の平和利用を肯定していたのです。

《ここで、ベーメとの質疑応答の中で明らかになったことを付け加えておきます。カール・フリードリッヒ・フォン・ヴァイツゼッカーはもちろん核兵器の利用とドイツ軍の核武装は否定します。しかし、それは戦略上、アメリカの核の傘下に入ることとセットになっていました。自国の核武装の放棄はアメリカの核戦略の下に包摂されることだったのです。この構造は日本と全く同じです。現代において、核放棄は同時に(アメリカの)核の傘の下に入るという構造になっていることを私たちは決して忘れてはなりません。他方、第一部で論じた非武装中立や非武装無抵抗は、この構造を否定するところに成立する考えであると言えるでしょう。

因みに、カール・フリードリッヒ・フォン・ヴァイツゼッカーは一九八〇年代になって、核の平和利用を否定するようになりました(同上、一一〇頁参照)。》

ドイツは戦後明確に核の平和利用路線を採用しています。その意味では、日本政府もその路線を突き進みます。森瀧は核の平和利用に対して明確に反対したわけではなかったのですが、「うかつに受け入れてはならぬ」として、広島への原発設置に対しては反対し、それを阻止することに成功します。この時点での主たる核の平和利用反対理由は、浜井市長も指摘している「微量放射能の影響は排除できない」ということでした。したがって、この時点では核絶対否定とは武器としての核の否定であり、まだ完全には核の平和利用、すなわち原子力発電否定までは到達していませんでした。

核の平和利用を肯定する考えは、ある意味現在でも続いているわけですが、被爆者運動がこの平和利用を否定し、転換するようになるのは一九七〇年代に入ってからです。被爆者運動は、周知のように、一九六一年のソ連核実験再開決定以後、二つに分裂し混迷するようになります。しかし、森瀧率いる原水禁国民会議は「いかなる国の、いかなる理由による核実験も核兵器も絶対に是認、肯定することはできない」（『核絶対否定』一七頁）という立場を貫きました。しかし、この時点（一九六〇年代）でもまだ核の平和利用が被爆者運動の主たるターゲットになることはなかったのです。森瀧の核絶対否定の思想も、まだ核の平和利用を絶対否定するまでには到っていませんでした。

## （2）核の平和利用も否定する核絶対否定

核の平和利用にも深刻な放射能被害の問題があるのではないかということが議論の俎上に上ったのは、一九七〇年になってからです。その年、原水禁国民会議の中に「原発問題分科会」ができました。そこにいたる六〇年代にも世界のあちこちから「放射能被害」が報告されていました。その代表的例はビキニ水爆実験の深刻な影響でした。死の灰を浴びたビキニ環礁ロンゲラップ島の一〇歳以下の子供たちの九割に甲状腺機能障害が見つかったのです。ビキニ環礁の例は必ずしも核の平和利用の例とは言い切れませんが、そういう実例の積み重ねが核の平和利用も深刻に考えるべきであるということになっていったのです。

一九七〇年に原水禁国民会議において「原発問題分科会」が設けられたことは、右に述べました。それを土台にして、一九七一年には「安全の保障されない原子力発電所、核燃料再処理工場設置に反対しよう」（同上、二一頁）というスローガンが掲げられます。さらにその翌年には「最大の環境破壊、放射能公害を起こす原発・再処理工場設置に反対しよう」というスローガンに発展します。この道行きは、森瀧自身の核の平和利用に対する考え方の深まりと軌を一にしていると言ってもいいでしょう。森瀧はその頃の自身の考えを、コルビー女史の言葉を使って、原子力は「人類の輝かしい夢」ではなく「悪夢」であると表現しています（同上、二二五頁参照）。そしていよいよ翌年の一九七三年には、平和利用としての核も明確に森瀧の核絶対否定の対象になってきます。森瀧はその年の原水禁大会でのアーサー・タンプリン博士の言葉を引きながら、核の平和利用を明確に否定するのです。タンプリン博士はこのとき、きわめて重要な予言をしています。「炉心溶解による大量の放射線流出」（同上、二二六頁）の危険性を唱え、その事故を防ぐための「緊急炉心冷却装置」の開発を要求しています。もし、博士が訴えた「緊急炉心冷却装置」が開発され、福島第一原発に装着されていたならば、私たちが目を覆いたくなる「故郷喪失」はなかったでしょう。

こういうことを前提に、森瀧はタンプリン博士を引用しながら、原発反対の理由を述べています。

㈠　放射性物質の問題
㈡　放射性廃棄物の究極的処理の未解決の問題
㈢　プルトニウム軍事転用と核拡散の問題

㈠の問題は、まず放射性物質がもつ猛毒性の問題です。つぎに、猛毒性をもった物質の管理の問題です。この問題は原子力を発見した人類がずっと抱えていかなければならない問題です。この問題は㈡と連関していますから、㈡は㈠に含めてもいいのではないでしょうか。現在日本では核汚染物質の中間貯蔵施設が青森県の六ヶ所村にありますが、ここはあくまでも中間貯蔵施設であって、最終処分場ではありません。毎日毎日核汚染物質が生産されていますが、まだ世界のどこにも最終処分場はありません。人類は永久に核汚染物質の処理という重圧とともに生きていかなければならないのです。しかも、原発がある限り、核汚染物質は増え続け、重圧はそれに比例して大きくなるのです。つぎに㈢の問題も深刻です。なぜなら、原発から原爆の材料であるプルトニウムが作り出されるわけですから、原発は核戦争の可能性を大きくすることになるからです（『核絶対否定』二七頁参照）。ここでは使用済み核燃料再利用問題は論じません。ただ、再利用の可能性は極めて低くなっていることは事実です。となると、プルトニウム貯蔵の意味はなくなります。

さきほど、ゲルノート・ベーメの講演について触れました。彼が私たちに突き付けた大きな疑問は「こんなに悲惨な原発事故を起こしたのに、どうして日本は原発を廃棄しないのか」ということでした。日本は事故後、原発を廃棄するどころか、次々に再稼働を認め、現在では四つの原発（二〇一八年三月までは五基の原発が稼働していたが、三月末に一基が休止に追い込まれ、三月末現在四基）が稼働しています。ベーメは講演後の質疑や食事においても、「ドイツは近隣から電力を買うことができるから、原発を廃止できるのだ」と言って食い下がる若手研究者たちに業を煮やして、食堂のすべての明かりを消しました。昼間だったので明るさはあまり変わりませんでした。彼は「なぁ、君たちは電気を使いすぎているのではないのか」という顔をしていました。そして、「なぜ原発を廃棄しないのか」と続けるのです。私は彼のしつこいほどのこだわりを見て、次のことを感じていました。「日本はやがて核兵器を作るために、原発を担保しておきたいのではないのか」と。非核三原則を堅持している日本ですから、よもやそんなことはありえないとは思いますが、あの大災害を経験したにもかかわらず、原発を保有し続ける日本が、ドイツ人にとっては、そう考えない限り、とても理解しにくかったようです。《『ぷらくしす』復刊一三号には、ベーメの講演と質疑応答に続き、岡野治子元広島大学教授がドイツの神学誌、Publik Forum から受けた「東北大震災後の日本人の対応」についてのインタビューとその応答が掲載されています。それを読むとドイツ人の大震災に対する生の感覚が理解できると思います。》いずれにしろ、タンプリン博士の言葉を引きながら、原発反対について説く森瀧の核絶対否定思想はこのように深まっていくのです。

このような経過を経て、一九七五年（被爆三〇周年）の原水禁大会の基調演説で森瀧は核の平和利用否定を含む核絶対否定を宣言します。これはとても重要な宣言ですので、少し長くなりますが、引用します。

さて私たちの運動は、広島・長崎の体験から「核兵器絶対否定」の運動として起こりました。したがって初期の段階では、私たちも核エネルギーの平和利用のバラ色の未来を夢見ました。しかし今日、世界でほとんど共通に起こってきました認識は、平和利用という名の核エネルギー利用が決してバラ色の未来を約束するものではなくて、軍事利用と同様に人類の未来を失わせるものではないかということであります。

つまり、平和利用という名の原子力発電から生ずるプルトニウムは、いうまでもなく長崎型原爆の材料でありますから、軍事利用に転用される可能性があることは明白であります。また、プルトニウムは、半減期二万四千年というもっとも毒性の強い放射性物質でありますから、まことにやっかいきわまるものであります。（中略）

私たちは今日まで核の軍事利用を絶対に否定し続けて来ましたが、いまや核の平和利用と呼ばれる核分裂エネルギーの利用をも否定しなければならぬ核時代に突入したのであります。しょせん、核は軍事利用であれ平和利用であれ、地球上の人間の生存を否定するものである、と断ぜざるをえないのであります。結局、核と人類は共存できないのであります。

共存できないということは、人類が核を否定するか、核が人類を否定するかよりほかないのであります。われわれは、あくまで核を否定して生き延びなければなりません。

核兵器を絶対否定してきた私たちは、平和利用をも否定せざるをえない核時代に突入しているのであります。「核兵器絶対否定」を叫んできた私たちは、いまやきっぱりと「核絶対否定」の立場に立たざるをえないのであります。「平和利用」という言葉にまどわされて「核絶対否定」をためらっていたら、やがて核に否定されるでありましょう。（『核絶対否定』三五頁以下）

この宣言には、「核兵器絶対否定」から、核の平和利用も否定する「核絶対否定」への歩みがしっかりと表現されています。ただ、森瀧は「平和利用をも否定せざるをえない核時代に突入した」と宣言していますが、これは時代が進んだというよりも、森瀧を含む人類の認識が「核絶対否定」にまで深まったとみるべきでしょう。これまでは、先ほど述べたドイツの物理学者の「良心の呵責」や浜井広島市長の被爆死した市民へのなんとも名状しがたい「うしろめたさ」によって、核エネルギーの真実が被われていたのです。そのような皮層なしに真実を見ることができるようになったという意味では、たしかに「時代が進んだ」のかもしれません。いずれにしろ、森瀧率いる被爆者運動は、「核絶対否定」という認識にまで到達したのです。この時、タンプリン博士が予言した「炉心溶解による大量の放射線流出」が三六年後の日本で起きるとは、誰も予測できなかったのではないでしょうか。

森瀧は「核絶対否定」の思想を基盤にして、いよいよ非核文明の方向性を提案します。

## 第三節 「力の文明」から「愛の文明」へ

すでに述べたことではありますが、森瀧は失明の可能性があったため故郷に近い吉舎町の眼科医院に入院し、そこであるインスピレーションを得たと言います。それを言葉で表現すれば、「力の文明から愛の文明へ」ということになります。しかし、それについての詳細な学術的論述はありません。あるのはスケッチ程度のものです。戦前、気鋭の英米系倫理学の研究者として、ドイツ哲学をもきちっと踏まえつつ精緻な論文を書いていた森瀧市郎の姿を、私たちは戦後見ることはできないのです。そこにあるのは、運動家、実践家としての森瀧市郎です。しかしこの節では、このスケッチを追いかけてみます。

「力の文明から愛の文明へ」という標語は、前節で述べた核の軍事利用だけでなくその平和利用をも否定する森瀧市郎の核思想を的確に表現しています。森瀧が「力の文明」を語るとき、つねに引き合いに出すのがホッブズ（一五八八―一六七九、イギリス政治哲学の祖）です。周知のことではありますが、ホッブズは人間の最も根源的欲求を「力の欲求（Desire of power）」（同上、九六頁）と名づけています。《power はたんに「力」と訳すより、「権力」と訳した方が適切でしょうが、森瀧は「力」と訳し、「愛」に対置しています。》西晋一郎は西洋文明を批判するとき、主題としてはホッブズの哲学から始めます。もっともこれは西に限らず、西洋文明を物質文明として批判し、東洋ないしは日本の文明をそれより高度の精神文明として位置づけようとするときの常套手段ではあります。とはいえ、森瀧は西の流儀を踏襲しているように見えてしまいます。

しかしながら、大上段に西洋文明は物質文明であると断言することは誤りに近いかもしれません。例えば、西洋文明は本来は精神文明であったが、近代になって物質文明になったという考えもあります。例えば、西洋古典学者であり、政治哲学の創始者でもあるレオ・シュトラウス（一八九九―一九七三、ドイツからナチスに追われてアメリカに亡命。アメリカ政治哲学の祖、またあるときはネオコンの黒幕とも言われています）は、マキャベッリを使って次のように語っています。

想像の世界より、具体的な真実を追究することの方が、私は役に立つと思う。これまで多くの人は、見たことも聞いたこともない共和国や君主国を想像のなかで描いてきた。しかし、人の実際の生き方と人間いかに生きるべきかということとは、はなはだかけ離れている。だから人間いかに生きるべきかということのために、現に人の生きている実態を見落としてしまうような者は、自分を保持するどころかあっというまに破滅を思いしらされるのが落ちである。（マキャベッリ、『君主論』、中央公論社「世界の名著」、一九六六年、一五章）

レオ・シュトラウスはここで「近代とは何であるか」を知ろうとするなら、政治哲学上の変化を見ればよく理解できると語っているのです。シュトラウスによれば、まず近代の最初のそして基本的な波を作り出したのはマキャベッリ（Nicolo Machiavelli, 一四六九―一五二七）でした。彼の関心は「事実的真理」に向けられていました。つまり、彼は、例えばプラトンの理想国家のような、決して存在することのない空想的国家共同体を政治の目的になどしなかったのです。むしろ、彼にとってはそのような「空想」（fancy）を抱くことが、現実の社会に平和を構築することを阻害しているように思われたのです。「はじめに」において夢＝理想の始まりはプラトンの『国家篇』であると述べましたが、シュトラウスは逆に空想的な夢を持つことを否定するのです。

マキャベッリにとって重要であったのは、プラトンのように「人はいかに生きるべきか」という道徳的規範ではなく、実際に「人がどのように生きているか」という事実でした。人はプラトンが説いているように「あるべき理想」を求める気高き存在であるかもしれませんが、まさにそうであるからこそ逆に人と争い、人を殺しもするのです。そういう身の毛のよだつようなことを私たちは歴史の中にいくらでも見ることができます。でも、現実の人間は理想を求めるよりも日々の糧を求め、それを得るために必死に生きています。高邁な理想など望みません。すなわち、マキャベッリにとって人間とは、欲望を満足させ、日々の暮らしの充実を願う存在でした。人間をその程度に貶めることによって、マキャベッリは人間の「照準」(sight)を低くしたと言えるでしょう。プラトンの理想国という理想は、欲望の満足という現実に取って代わられるのです。近代は空想的理想の実現よりは、もう空腹に打ち震えることのない欲望の満足をその目標にしたのです。

このようなマキャベッリに見られる価値転換を、正当なものとして評価したのが、ほかならぬホッブズでした(拙著『ヘーゲルから考える私たちの居場所』晃洋書房、二〇一四年、一三一―一四頁参照)。ホッブズはマキャベッリと同様に、人間の本性を欲望存在と捉えました。そうした人間理解に基づいて欲望を満たすことは人間本性に基づいた「自然権」であると結論づけたのでした。このようにしてマキャベッリ・ホッブズ路線は正当なものとしての市民権を得ていくのです。

以上のことから、森瀧が西洋文明と言う時には、西洋近代文明であると考える方が正確であると思います。森瀧によれば「力の文明」の「力」とは「知力」であります。森瀧はその知の最先端が「近世の科学知」であり、この知が学問の理想を「有用性」(utility)と考えるフランシス・ベーコン(一五六一―一六二六)の「知は力なり」という哲学と出会い一つになるとき、まさしく「産業的文明」が始まり、「物質文化」が定着すると考えます（『核絶対否定』九八頁以下参照）。基本的にこのような理解の仕方はオーソドックスであり、教科書的常識でもあります。

さて、しかしながら知自身には森瀧も言うように善悪はありません。「善悪はこれを用うる人の上にある」（同上、一〇二頁）のです。森瀧はここで知の製作者・所有者である人間の質の問題に遭遇します。核についての知識を使用する人間の問題を、森瀧は次のように提案します。

道徳宗教によって主人公の精神が正善の方向を確立したうえでならば、道具としての科学知は如何程進歩してもいよいよ人生を豊かにし幸福ならしむるものとなるであろう。われわれが今や問題とする「慈（いつくしみ）の文化」はなによりも宗教道徳的なものがその主座につく文化でなければならぬ。（同上、一〇二頁）

ここで言われているのは、人間精神の高まりです。《ここでは一応「高まり」という表現を与えておきます。しかし、この「高まり」は、むしろ自分へのこだわりを捨てて何らかの「絶対的なもの」に帰依することです。そうであるなら、それは第二部で論じた西晋一郎の「譲」につながるような意味を持っているのではないでしょうか。また、それが自己へのこだわりを捨てて高まるということであるならヘーゲルの止揚・廃棄（Aufheben）と結び付き、自己を捨て全体に寄与するという意味を持っているのかもしれません。》いずれにしろ、人間には何が善で何が悪であるかを正しく判断できる精神的高みに達することが要求されます。森瀧はそのためには道徳宗教が必要だと提案しています。

「道徳宗教」という言葉は、ひとつながりの言葉ではありません。「宗教」という善悪に絶対的基準を与えるものと、「道徳」という人間の内面や社会へのその基準の現れという意味だと考えられます。《第二部では「譲」の源としての「虚心」を形成する場所として、西は「教会、寺院」を指定していました。》それにしても、道徳宗教で森瀧が具体的に何を考えていたのか、そう簡単には答えられません。第三章で取り上げる戦前の森瀧の論文と比較しながら、そこでこの点については少し突っ込んで考えてみたいと思います。いずれにしろ、森瀧は人間精神の高まりによって人間が科学知を正しく使えるようになり、それによって人間は豊かになり、幸福になると考えていました。もし森瀧がほんとうにそのように考えていたのなら、それは「楽観主義」と呼ぶのがふさわしいでしょう。

ただ、森瀧は道徳宗教を通じて向かっていくべき方向については断片的に語っています。例えば、「自然隋順」（原文のママ、「随順」ではないかと考えられる。森瀧は英文で according to nature と表記している）。この言葉は「力の文明」が自然征服を目指すのに対して、「愛の文明」はそれを否定し自然に付き従うということを意味しています。私はかつてドイツ社会民主党の環境政策の基本になっているマイヤー＝アービッヒの "Der Weg zum Frieden mit der Natur" を『自然との和解への道（上・下）』（みすず書房、二〇〇五、二〇〇六年）と題して翻訳しましたが、「和解」とは「隋順」（随順）のことに他なりません。

例えば、「愛の文明は人類の平等共生の上に築かれる」（『核絶対否定』九四頁）。そして「人類の平等共生」を支えるものとして「万人同胞」という認識や「非暴力」（Non-violence）が要求されます。森瀧はこうした理想を実現するための最も基本的な方向を「内へ内へ向かい限りなく豊かな内面世界を開発」（同上、九五頁）することに求めます。森瀧は「豊かな内面世界開発」で、いったいどのようなことを考えていたのでしょうか。

この問いの答えを森瀧は若干ではありますが「慈の文化の哲学的基礎づけ」として論じています。森瀧は人類が核に支配されている時代を「（人類は）自己の無力を懺悔（ざんげ）して救済を求める段階に来ている」（同上、一〇四頁）と規定します。そしてこういう時代こそ、人類は「自らを超えたもの」（同上）に想い到らなければならないと主張しています。核時代の不安と危機とを媒介にして自省し、「自らを超えたもの」に到らなければならないというのです。「内へ内へ向かい限りなく豊かな内面世界を開発」するということは、「自らを超えたものに到る」ということなのです。「自らを超えたもの」は次のように言い換えられます。「無限なもの」、「絶対的なもの」、「完全なるもの」、「永遠なるもの」そして「超存在」と（同上、一〇五頁参照）。そして超存在について以下のように語られます。

存在は存在を超えて存在を存在たらしめるものにおいてあり、超存在は存在において自己を実現し自覚するものであってそれ自身が存在ではない。存在を有とすれば、超存在は無である。（同上）

ヘーゲルの『大論理学』やハイデガーの『存在と時間』を髣髴とさせる極めて形而上学的文章です。しかし、ここで語られている意味は平易です。この世に存在するものは、超存在によって存在を得ています。しかも、超存在は自分が存在を与えているこの世の存在を通じて自分を自覚し実現するのです。しかし、超存在自身はこの世の存在ではないので「無」なのです。ここで語られている「超存在」は、第二部第二章第一節で論じた「内在的超越」のことに他なりません。西晋一郎は天皇を「内在的超越者」として、スピノザなどを使って説明していました。

森瀧は「一切存在の根底としての超存在は自らは絶対の無にして一切をあらしめるものでなければならぬ」（同上、一〇六頁）として、再度超存在を「無の場所」と呼び、それを「絶対慈悲の世界」とします。私たちが「無の場所」に到れるなら「絶対慈悲の世界」を知ることができ、慈悲をこの世に実現することができますよ、と森瀧は言いたいのです。そうであるなら、「核絶対否定」は、慈悲の世界を実現するために「無の自覚」を要求するという「過剰な理想」を伴っていたと言えるのではないでしょうか。なぜなら、「無の自覚」に到ることができる人は、そうそういませんから。その意味で、「絶対慈悲の世界」は、「過剰な理想」なのです。この点で森瀧の理想は、「マッカーサーの夢」の系譜に位置づけられるのです。

それにしても、私たち（有・存在）はどうすれば超存在（無）に到ることができると、森瀧は考えたのでしょうか。森瀧は、私たちと超存在を、そして有と無とを「媒介」するのが「宗教」であると言います。宗教（Religion）とはもともと「結び付ける」という意味をもっています。カトリック教会はもともと神と人間を「結び付ける」存在でした。森瀧は「宗教」を文字通りの意味で使用しています。森瀧は必ずしもある特定の宗教を想定しているわけではないでしょう。そう言っていいなら、「哲学者の宗教」なのかもしれません。私たちが宗教を媒介にして超存在の高みへ到り、よってこの世に「慈の文化」を実現し、終末的悲劇を救うことなど「夢」にすぎぬのであろうか（同上、一〇八頁参照）と、森瀧は私たちに問いを投げかけています。これは森瀧市郎という被爆者であり平和運動の優れた実践者であるから描ける夢であり、問える問いであると思います。しかしそれは、一般市民にとっては「過剰な夢（理想）」であり、過剰な問いかけであると、言えるのではないでしょうか。

# 第二章　ドイツの原発政策

広島への原爆投下時、ドイツの核関連科学者はイギリスの古城に捕虜として囚われていました。原爆広島投下の報を聞いた一人の研究者が、その古城で「核の軍事利用を否定し平和利用を宣言した」ことを前章で述べておきました。戦後、とりわけ昭和三〇年代になってから、森瀧は世界を平和行脚していきます。そのなかで森瀧は古城に囚われていた科学者を含むドイツの核関連科学者たちと交流していきます。

国際復帰を果たした西ドイツでは、一九五七年アデナウアー首相が「核武装」発言をします。この発言に対して、オットー・ハーンら一八名の西ドイツの科学者がゲッティンゲン大学（一九五七年四月一二日）で反対声明を発表します。いわゆるゲッティンゲン宣言です。その内容は、「西ドイツの核武装に反対し、いっさいの核兵器の製造、実験、配置にいかなる仕方でも参加しない」ということでした。これによって西ドイツは、現実的に核武装はできなくなったのです。歴史的快挙でした。この宣言に賛同した広島の一二名の科学者の声明を携えて森瀧はヨーロッパに渡り、当時の西ドイツの首都ボンで会見を行い、大きな反響を得ます。このときのエピソードを一つ。当時、森瀧の周辺では、原爆投下に際してオットー・ハーンが自殺をはかったと伝えられていました。その真相を森瀧はコッペルマン教授に訊ねています。真相は「ハーンは確かに原爆投下に責任を感じて自殺する可能性があったので、みんなで見張っていた」ということでした。

やがて東ドイツを吸収し文字通りヨーロッパ一の大国となったドイツと、アジアの経済大国日本が共に核武装を否定していることは、やはり人類の歴史における輝かしい一頁ではないでしょうか。しかし、両大国は原発政策において大きく異なる道を歩み始めました。ゲーノルト・ベーメが「日本はあんなに悲惨な原発事故を経験したのに、なぜ原発を廃棄しないのか」と非難するほどに、三・一一以後の原発基本政策においていかなる変更もありません。それに対してドイツは日本の事故を教訓に二〇二二年までの原発全面停止をいち早く決定しました。この違いは何なのでしょうか。本章ではドイツの原発全面停止について考えてみます。

## 第一節　ドイツの三・一一東日本大震災への対応

ドイツは環境問題に厳しく対処している国として、つとに有名です。三・一一以後、ドイツでは東日本大震災、とりわけ原子力発電所の事故のことが三週間にわたってニュースのトップを飾りました。また、日本にあるドイツ人学校は、どこの国よりも早く本国に避難し、どこの国よりも遅く学校を再開しました。ドイツ人にとって、チェルノブイリの事故は、技術レベルの低い国でのつまらない事故として処理できましたが、福島第一原発の事故は自分たちと同等かそれ以上の技術力をもつ日本で起こった事故として無視できなかったのです。あるいは、事故は日本以上に深刻に受けとめられ、原発政策の転換を惹き起こしました。

私は先述したように、大震災の年の一一月に広島大学でゲルノート・ベーメ氏の講演を主催しました。その講演タイトルは「ドイツの不安？　それともドイツの奇跡？」でした。そのときベーメ氏は、繰り返しになりますが、開口一番「日本はヒロシマやナガサキを経験し、このたびフクシマを経験した。それなのにどうして核利用をやめないのか」と、現在の日本国政府および日本国民の対応を批判的に語りました。氏によると、この問いがドイツ人一般の原発事故に対する平均的感想であるようでした。このような民意に支えられて、ドイツ政府は原発政策の「転換」を選択せざるを得なかったのです。メルケル首相による二〇一一年六月九日のドイツ連邦議会での演説を、長くなりますがとても重要なので以下で引用します。

（前略）福島事故は、全世界にとって強烈な一撃でした。この事故は私個人にとっても強い衝撃を与えました。大災害に襲われた福島第一原発で、人々が事態がさらに悪化するのを防ぐために海水を注入して原子炉を冷却しようとしていると聞いて、私は日本ほど技術水準が高い国も、原子力のリスクを安全に制御することはできないということを理解しました。

新しい知見を得たら、必要な対応を行うために新しい評価を行わなくてはなりません。私は、次のようなリスク評価を新たに行いました。原子力の残余のリスクは、人間に推定できる限り絶対に起こらないと確信を持てる場合のみ、受け入れることができます。

しかしその残余リスクが実際に原子炉事故につながった場合、被害は空間的・時間的に甚大かつ広範囲に及び、他のすべてのエネルギー源のリスクを大幅に上回ります。私は福島事故の前には、原子力の残余のリスクを受け入れていました。高い安全水準を持ったハイテク国家では、残余のリスク（注）が現実の事故につながることはないと確信していたからです。しかし、今やその事故が現実に起こってしまいました。

確かに、日本で起きたような大地震や巨大津波は、ドイツでは絶対に起こらないでしょう。しかしそのことは、問題の核心ではありません。福島事故が我々に突きつけている最も重要な問題は、リスクの想定と、事故の確率分析がどの程度信頼できるのかという点です。なぜなら、これらの分析は我々政治家がドイツにとってどのエネルギー源が安全で、価格が高すぎず、環境に対する悪影響が少ないかを判断するための基礎となるからです。

私はあえて強調したいことがあります。私は昨年秋に発表した長期エネルギー戦略の中で、原子炉の稼動年数を延長しました。しかし私は今日、この連邦議会の議場ではっきりと申し上げます。福島事故は原子力についての私の態度を変えたのです。（後略）（熊谷徹『なぜメルケルは「転向」したのか』日経ＢＰ社、二〇一二年、三三―三五頁）

（注）《残余のリスクとは、一定の被害想定に基づいて、さまざまな安全措置、防護措置を講じても完全になくすことができないリスク。例えば想定された震度を上回る地震が起きて、想定されていない被害が発生するリスクが残余のリスクである。日本の原子力安全委員会は、二〇〇六年九月一九日に決定した「発電用原子炉施設に関する耐震設計審査指針」の中で、地震に関する「残余のリスク」を次のように定義している。「策定された地震動を上回る地震動の影響が施設に及ぶことにより、施設に重大な損傷事象が発生すること、施設から大量の放射性物質が放散される事象が発生すること、あるいはそれらの結果として周辺公衆に対して放射線被曝による災害を及ぼすことのリスク」と。》

この演説でメルケルは三つのことを語っています。第一に、これまでの自身の原発政策を「間違い」として認め、これまでの考えを捨てるということ。第二に、自身の原発政策の「間違い」が、「残余のリスク」の評価の間違いであったということ。第三にこれまでの原発政策を捨てるだけでなく、変更するということ。上の演説は以上の三つの論点を含んでいます。これを一言で表現するなら、メルケルの「敗北宣言」、あるいは「転向宣言」と呼んでいいでしょう。この結果、ドイツ連邦議会で、二〇二二年一二月三一日までに原子力発電所を完全に廃止することを定めた「原子力法改正案」が、二〇一一年六月三〇日に賛成八三％で可決され、連邦参議院も七月八日には通過成立しました。注目すべきは、この改正案とともに、再生可能エネルギーを拡大し（例えば、二〇五〇年には再生可能エネルギーの比率を八〇％に引き上げるなど）、省エネを促進するための七つの法案も同時に可決されたことであります。ドイツにあっては、原発廃止は同時に再生可能エネルギーの開発であったと言っていいでしょう。

ここで先述した二〇一一年に成立した法案が、なぜ改正案なのかに注意しておきましょう。ドイツが脱原発を定めた「原子力法」（実はこれも改正案）を施行させたのは二〇〇二年四月ですが、実は二〇一〇年にメルケル首相はこの法律をさらに改正し、原子炉の稼働延長（一九八〇年以前に運転を開始した原子炉は八年間、それ以外は一四年間の再延長）を定め、当初の原子力法を改悪していました。したがって、二〇一一年の改正は、正確には再改正ということになります。いずれにせよ、メルケル首相は二〇一〇年には脱原発からの転換を試みたのです。私はメルケル首相にこのような方向転換を取らせたのは、この頃原子力安全神話という物語が完成し、定着してきたからであると考えています。すなわち、世界的な異常気象の下で地球温暖化を現実のものと感じ始めている人々に、「長いこと原発事故は起こっていない」、「原発は地球温暖化対策の切り札になるクリーンエネルギーだ」、「だからもうそこまで脱原発にこだわらなくてもいいのではないか」という推論式に、私は原子力安全神話と地球温暖化神話の親和態を見ます。しかし、東日本大震災はこのような神話の半分、すなわち原子力安全神話を吹き飛ばしてしまいました。メルケル首相は連邦議会での演説に見られるように、完全な脱原発へと「転向」（Wende）したのです。以下では、転向の原因となった二つの事柄について考えてみます。

## 第二節　メルケルの転向の原因 その1——民意の尊重

先述したベーメ氏は、メルケル首相の転向の原因をバーデン・ヴュルテンブルク州の州議会選挙で示された民意に見ています。シュヴァーベン地方を含むこの州は、極めて保守色が強く、戦後一貫して保守政党が州政権を担当してきました。しかし、東日本大震災の約二週間後の二〇一一年三月二七日に行われた州議会選挙で、緑の党・九〇年連合が得票率を倍増して第二党に躍進し、第三党になったSPD（社会民主党）と連立政権を組織したのです。これまで州政府を担ってきたCDU（キリスト教民主同盟）は辛うじて第一党を保ちましたが、これで政権の座から追われることになりました。当初、この選挙の争点になっていたのは、州都シュトゥットガルトの中央駅改修問題でした。しかし、大震災後俄（にわ）かに原子力発電所の問題が浮上し、二〇二〇年までに再生可能エネルギーの比率を〇・八％から一〇％に引き上げると宣言した緑の党が政権を奪い、穏健派のクレッチマンが州首相になったのです。クレッチマンを州首相にした民意をメルケルドイツ連邦首相は正しく把握し、自分自身の転向と、脱原発政策の推進を選択したと言えます。

ドイツが脱原発政策を採用したのは、一九九八年総選挙でSPDと緑の党・九〇年連合が勝利し、翌年両党が連立政権を組んだときからです。連立政権を組むには、複数の政党の政策の擦り合わせが必要です。原発政策に関して言えば、どちらかと言えば、SPDが穏健的で、緑の党が急進的でした。

緑の党が一九八〇年の結党時以来脱原発政策を採用しているのに対し、SPDがそれまでの原発促進政策から脱原発政策へと明確に転換したのは、一九八六年のチェルノブイリ事故以後のことです（実は、すでに一九八三年の党大会で先述したマイヤー＝アービッヒ氏の「自然との和解」構想に基づく政策綱領を採用してはいました）。両党は脱原発では合意可能な状態にありましたが、両党にはかなりの温度差があったのです。したがって、両党の合意は決して容易なことではありませんでした。緑の党の中には、原子力発電所即時全面廃止という声がありましたが、それはSPDにとっては決して飲むことができない現実無視の政策でした。私はたまたま連立政権を組むために開催された緑の党党大会のテレビ中継を見ていました。テレビのなかでは、やがて連立政権の環境大臣に就任することになるトリッテンが熱弁をふるっていました。彼の演説の中で、よく理解できたのは、もっとも頻繁に使用された「Kompromiß」（妥協）という言葉でした。両党の連立政権は、まさしく両党の「妥協」なしには成立しなかったのですが、緑の党はそのとき「妥協」可能なレベルにまで成熟していたと言えます。すなわち、一九八〇年の結党以来、激しく環境保護運動に携わってき緑の党も、やがて連立政権の外務大臣になるヨシュカ・フィッシャー指導の下、急進的左派原理主義から現実主義へと路線を修正していたのです。一九九九年に始まるシュレーダー連立政権は、トリッテン環境大臣の下、原子力法に基づいて脱原発政策を実際に開始します。何故に脱原発政策を実行できたのかと言えば、緑の党内部、およびSPDと緑の党との間でKompromißが成立したからに他なりません。すなわち、連立政権は断固として「脱原発」政策を採用し、原発の稼働年数を三二年に制限しました。そしてそれによると、原発は二〇二二年か二〇二三年にはすべての原子炉が止まることになっていました。

一般によく言われることですが、ヨーロッパ諸国はお互いに電力を融通し合っています。そのほうが電力を効率的に使用できるからです。そうすると、ドイツが原発を無くしても、さほど影響はないように思われます。しかし、政策遂行上多くの問題がありました。とりわけ、大きな負担を強いられる電力業界の抵抗は激しいものでした。でも、なぜ電力業界は原発廃止に同意したのでしょうか。電力業界の答えは、政府の脱原発政策は「痛みは伴うが受け入れられる内容」であったからです（同上、二一〇頁）。トリッテンおよび緑の党は当初原発の稼働年数を二五年間と決めていました。しかし、政策遂行上三二年間にせざるをえませんでした。そうしない限り、電力業界の同意を得られなかったからです。電力業界にとって、原発を三二年間稼働させると原発の減価償却が完了します。つまり、経済的不利益を蒙ることはありません。また、稼働期間はたしかに制限されますが、それを裏から見れば、反対運動に煩わされることもなく三二年間は稼働が保証されるということでもありました。こういうことから、画期的と言われるシュレーダー政権の原子力政策も、「水で薄められた脱原発」という側面もあります。しかし、重要なことは、社会的混乱なしに、しかも競争力を維持しつつ、いかにしてエネルギー転換を計るのかということです。そういう意味でKompromißが必要なのです。バーデン・ヴュルテンブルク州の新首相になったクレッチマンも現実的穏健派でした。

## 第三節 メルケルの転向の原因 その2——理念と現実の政治的総合

メルケルの転向は、メルケル自身が大震災直後ドイツで作った「安全なエネルギー供給に関する倫理委員会」の報告（二〇一一年五月三〇日提出）に沿ったものであると言われています。この報告を受けて同年六月六日に原発全廃が閣議決定されました。しかし、メルケルは東日本大震災を受けて、同時にもう一つの委員会にも調査・報告を依頼していたのです。そのもう一つの委員会とは、ストレステストを行う既設の「原子力安全委員会」です。この委員会の報告は「ドイツの原発は航空機の墜落を除けば、比較的高い耐久性を保っている」という結論で、原子炉廃止の必要性を報告してはいません。したがって、メルケルは専門家集団である後者の報告ではなく、素人集団である前者の報告を重視し採用したことになります。

それでは以下で、全一二章からなる「安全なエネルギー供給に関する倫理委員会」の報告のうち、必要と思われる一章と四章について若干の考察を試みてみたいと思います。この報告一、四章の邦訳は以下の通りです。

一章「提言」

ドイツ国内の原子力からのリスクを将来的に排除していくためには、脱原発が必要であり、また推奨される。リスクのもっと小さな代替手段があるので、脱原発は可能である。脱原発は産業や経済の競争力を損なうことがないように行わなければならない。ドイツでは科学研究や技術開発によって、また持続可能な経済のための新しいビジネスモデルの展開へ向けて企業がイニシアチブをとっていることにより、風力や太陽光熱、水力や地熱、バイオマス、またエネルギー利用の効率化や生産性の向上、気候保全に配慮した化石燃料の使用といったように、さまざまな代替手段が利用可能である。また人々が自然を尊重し、資源の源泉として保護し、ライフスタイルを変えていくことによっても、エネルギーの節約を手助けすることができる。

脱原発とは、まずは原子力発電を電力網から取り外すことを意味している。とはいえ承知済みのことだが、これを達成した後も、解体に至るまで長期にわたって安全性のために集中的な作業が必要とされる。

エネルギー転換は、政界と産業界と市民社会のあらゆるレベルにおいて共同して努力することによってのみうまくいくということを本倫理委員会は強調する。そのために（ドイツのエネルギーの未来）という共同事業を提案する。この共同事業は、一つの大きなチャンスであるが、また同時に挑戦でもある。もしこれが成功すれば、他の国々に大きな影響を及ぼすであろう。もし失敗するならば、その結果はドイツ自身にとって深刻なものとなるであろう。（中略）

ドイツは脱原発の道を、新しい歩みへの勇気と強さへの確信をもって歩み、誠意をもって検査しコントロールする手続きを経ながら進まなければならない。（中略）長らくドイツは、社会全体において原子力エネルギーの利用を将来的に放棄する方向へと進んできている。この歩みを支持していく必要があろう。ドイツ経済は、最高水準の品質の製品を生産する創造性と能力を持つところに、その強みがある。そしてますます多くの企業が、そのビジネス分野について持続可能な経済を追求する方向へと向けつつある。原子力エネルギー利用からの離脱は、こうした企業にさらに多くのチャンスをもたらすだろう。ドイツの科学は、エネルギー転換という課題に対して革新的で実効性の高い解決策を今後もさらに期待できるような、優れた水準にある。

四章「倫理的立場」

原子力エネルギーの利用やその終結、他のエネルギー生産による代替についての決定は、すべて社会における決定に基づくものであって、これは技術的側面や経済的側面よりも先行するものである。未来のエネルギー供給と原子力エネルギーに関する倫理的な価値評価において鍵となる概念は、持続可能性と責任である。持続可能性を理念としたとき、未来を見据えた社会を共同して作り上げるために、社会的均衡と経済的効率だけでなく、環境的な適合性という目標も出てくる。(中略)進行中の環境破壊によって、エコロジー的な責任への呼びかけが声高に行われるようになったが、これは原子力事故に始まることではないし、また、そうした事故をめぐる環境だけが問題とされているのではない。問われているのは、人間の自然とのつきあい、すなわち社会と自然の関係に関する問いである。キリスト教の伝統とヨーロッパ文化からは、自然に対する一つの特別な、人間の義務が導き出される。自然に対する人間のエコロジー的責任は、環境を保存・保護し、環境を自分たちの目的のために破壊することなく、有用性を高め、未来において生活条件の保障を維持できるように目指すことである。（吉田文和『脱原発時代の北海道』北海道新聞社、二〇一二年、一三六頁以下）

まず一章「提言」から見ていきます。ここでは、これからドイツの進むべき方向が骨太に示されています。すなわち、「原子力のリスクを排除するためには、脱原発が必要であり、それはリスクの小さな代替手段を使ってできる」という方針です。しかし、この骨太の方針にはいくつかの条件が付されており、この条件が骨太の方針の成否を握っていると考えられます。その条件とは、①脱原発政策によって産業や経済の競争力を損なってはならない。②原発の影響は長期に亘って残るので、長期的な集中管理が必要。そのためには半永久的に原子力に関する知識・学問が必要になる。③脱原発が成功するには、全国民的な共同作業が必要である。骨太の方針の条件として、上の三条件が掲げられていますが、私はこの条件をKompromiß の成果と考えています。

次に四章の検討に移ります。この章は「原子力に関するあらゆる決定においては、技術的側面や経済的側面より、倫理的側面を基盤にしたすべての社会における決定が優先する」ということを基本的テーゼとして打ち出しています。そして、倫理的側面を重視するとき、「環境的適合性」＝日本的に言えば「環境に優しいこと」が政策遂行上の目標とされています。さらに、この目標を実現するための鍵となる概念が「持続可能性」と「責任」とされます。これまで環境倫理学で議論されてきた重要な二つの概念が、ここにその本来の場所を獲得していると言えます。ここでこの二つのテクニカルタームに留意しておきましょう。

まず、「持続可能性」(sustainability)について。人類は一九九二年のリオ・サミット(正確に言えば、「第二回環境と開発に関する国連会議」)で初めて、地球温暖化などのさまざまな地球環境問題を議論しました。「持続可能性」という言葉は、この会議から一般化された言葉です。しかしながら、リオ・サミットは地球温暖化対策に関して「温暖化防止に各国が努める」というような努力目標、わかり易く言えば「玉虫色の決着」しか決議できませんでした。地球温暖化を防止するためのいかなる具体的数値目標も、義務的事柄も盛り込まれなかったのです(このような状態を打破しようとする試みが、「気候変動枠組条約第三回締約国会議(COP3)」であり、その成果が「京都議定書」であります)。このように「開発を持続する」という会議の基調方針を表現する言葉が、「持続可能性」であったのです。しかし、現在では環境対策を現実的に遂行するために必要欠くべからざる言葉となっています。つまり、「持続可能性」は初期においては「開発」を支持する言葉でありましたが、現在では「開発と環境の総合」を表現する言葉となっています。

次に「責任」(responsibility, Verantwortung)に移ります。環境倫理学で言われる「責任」は、現在世代への責任を含まないわけではないですが、主として現在は存在しない「未来世代」に対する責任を意味しています。このような未来性の倫理を問題にするのが「世代間倫理」(intergenerational ethics)

です。この倫理的概念を提唱したのは、ハンス・ヨナスであり、それは一九七〇年代のことでした。世代間倫理は「我々現在世代には、未来世代が我々と同じような条件の下で暮らせるような環境を残す義務（責任）があるかどうか」を問うものです。この問いに対しては、世界の多くの研究者がさまざまな論証を試みてきました。例えば、あるアメリカの学者は、日本的な「恩」という概念を使って、我々には親世代から受けた恩を未来世代に返すべきだという論証を試みました。しかし、いま目の前にいて、なんらかの社会的関係を有している人間に対してしか責任や義務は発生しないという近代的思考から見れば、恩などはアナクロニズム（時代錯誤）として退けられることになります。この結果、結局、世代間倫理は「完全義務」（我々が履行しなければならない義務）としては成立しないが、「不完全義務」（履行してもしなくてもいい義務：例えば、子孫に美田や美林を残すということ）としてなら成立するという考えが、それなりの妥当性をもつものとして受容されています。

しかしながら、事態は急を要しており、スコラ的議論よりも実践的に地球環境を保護しようとする動きがドイツには見られます。例えば、ハンブルク特別市の環境大臣をも務めた先述のマイヤー＝アービッヒの「自然的法共同体」構想がそのようなものとして挙げられるでしょう。もともと自然哲学の目標は、自然についての理論的認識でありました。しかし、アービッヒは自然哲学は本来ここにとどまるのではなく、「自然と人間との関わりがいかにあるべきか」を考察し、人間の実践のあり方を方向づける「実践的自然哲学」でなければならないと主張するのです。自然＝人間という真実態が失われている現在においては、「自然との和解」が実践上の目標となります。私たちの実践は「自然との和解」を目標とするものでなければなりませんが、アービッヒはそれはすぐれて政治的（公共的）実践でなければならないと説きます。アービッヒはこうした政治的実践の到達点を「自然的法共同体」と名づけています。自然的法共同体とは、自然との和解に則って、人間の自然への関わりが法律や憲法において規制されている共同体のことです（クラウス・マイヤー＝アービッヒ／拙訳『自然との和解への道（上・下）』みすず書房、二〇〇五／〇六年参照）。加藤尚武はシューメーカーの訳の「解説」で、「立法そのものが、本来的に不完全義務の完全義務化なのではないだろうか」と述べています（ミリャード・シューメーカー／加藤尚武・松川俊夫訳『愛と正義の構造――倫理の人間学的基盤』晃洋書房、二〇〇一年）。加藤の法制化による不完全義務の完全義務化ということの主張と、アービッヒの「自然的法共同体」構想とは同じことの異なった表現にすぎないと言っていいでしょう。私はいまでは、「原子力法」のドイツをまさしく「自然的法共同体」に近いのではないかと考えています。ということは、ドイツはその原子力政策において、未来世代への責任を果たそうとしていると考えることができるのではないでしょうか。そしてこの観点は、恐らく原子力発電をやめる気など全くない国々に対して、原子力発電をやめるための指導理念になるものと考えられます。

私は前著『ポツダム』で、韓国プサンの大学で行った私の講演とその後の質疑応答について書きました。講演では「三・一一後を考える」というタイトルで、ドイツと日本の三・一一東日本大震災後への対応の違いなどを話しました。その話のなかで、「東日本大震災後ドイツはいち早い原発停止を決定したが、残念ながら日本はまだそういう決定をしていない」ということを、決してメインテーマではなかったのですが、それなりの時間を割いて話しました。そうした私の講演に対して、一人の韓国人の学生が質問しました。「ドイツに原発停止ができて日本にできないのは、戦争に対する反省が日本は足りないからだと思うのですが、いかがでしょうか」という質問でした。日本は第二次世界大戦で、主として日中戦争及び太平洋戦争（日本はこれを大東亜戦争と呼びました）を戦い敗れました。そのなかで日本が中国や朝鮮半島を侵略したのは事実です。そうであるから、日本は戦後それを反省し賠償し「平和国家」を作ってきました。ドイツもポーランドなど周辺諸国を侵略し敗れました。ドイツは戦後東西分裂という、日本以上に過酷な運命を引き受けざるをえませんでしたが、やはり日本同様平和国家として歩んできました。「この両国の反省に深浅があり、その差が原発への対応に見て取れる」というのが、韓国人学生そしてその場で笑って見ていた多くの韓国の人々の感情です。その場で私は「そういうこともあるかもしれませんが、わかりませんね」と言って、肯定も否定もしませんでした。それが他国での大人の対応だと今でも思っています。

しかしながら、実態はどうなのでしょう。戦後行われた戦争犯罪人の追及の仕方など深く探っていったら答えが出るのでしょうか。「反省」に深浅があると言えばありますし、ないと言えばないのではないでしょうか。答えは出にくいということにしておきます。ただし、一つ確実に言えることがあります。それはやはりドイツと日本とでは、原子力についての認識の仕方と原発のリスク認識の仕方に違いがあるということです。それが原発停止問題に現れています。その認識の仕方の違いの原因をどこに見るかは、とても難しい問題だと思います。韓国人はそれを反省の深浅に見て、日本は反省が足りないというわけですが、侵略された側はその屈辱をいつまでも忘れないのですから、仕方のないことなのかもしれません。

森瀧市郎は西晋一郎の弟子として、皇国教育の一端を担っていました。戦後、多分それを反省して平和の使徒となったのです。しかし、森瀧は戦後その転換について（あえて転向とは言いません）ほとんど語っていません。しかし、戦後さまざまな会合で挨拶するときに、戦前とは考え方を変えたことを枕詞として森瀧はよく語ったようです。次章では、戦前の森瀧の学術論文を下敷きにして、戦前の森瀧の思想的立場を明らかにしてみたいと思います。そしてしかる後に、その立場を先述した「愛の文明」構想と比較してみたいと思います。こうした作業は、ヒロシマではこれまでなされませんでした。それが「武士の情け」だったのです。しかし、いつまでも「反省が足りない」と言われ続ける私たちは、そういう不触手ゾーンにも少し踏み込んで議論する必要があるのではないでしょうか。

# 第三章　森瀧市郎の戦前哲学

## 第一節　森瀧市郎の戦前の研究

森瀧は一九六五年三月広島大学文学部を定年退官しています。戦後二〇年間を広島大学文学部で過ごしたことになります。その間、一九五三年一月に「英国倫理研究」で広島文理科大学から学位を受けています。広島文理科大学最後の年でありました。しかし、この戦後の二〇年は、森瀧にとっては研究の二〇年というより、平和運動の二〇年であったのではないでしょうか。「森瀧先生に会いたいなら、研究室に行くより平和公園に行け」という逸話が、倫理学教室には伝わっているようです。したがって、森瀧の実質的な研究活動は戦前になされたものです。その成果が戦後すぐの学位論文（一九五一年提出）でした。

森瀧市郎の戦前の活躍の場は、広島文理科大学・広島高等師範学校精神科学会発行の『精神科学』

でした。森瀧は広島高等師範学校教授としてこの雑誌に四篇を寄稿しています。以下の四篇です。

- 「プラトン哲学に於ける三つの道」 昭和八年第一巻
- 「福徳一致の説」 昭和一〇年第一巻
- 「自利と義務 シジウィック倫理説の中心問題」 昭和一二年第三巻
- 「自利と義務 シジウィック倫理説の中心問題」 昭和一三年第一巻

第一論文はあの森信三の「絶対的最善観」という論文と並んでいます。第二論文は長田新と共に。そして第三論文は、金子大栄、稲富栄次郎、山本幹夫（空外）という錚々（そうそう）たる三人と並んで。さらに第四論文は高田三郎の「ポリス的とロゴス的」と共に。最初のプラトン論を除けば、英国倫理研究であると言っていいでしょう。とりわけ、古典的功利主義の完成者であり、現代功利主義の嚆矢（こうし）となるシジウィック（Henry Sidgwick, 1838-1900）の研究が森瀧の研究の中心であったようです。本章では「自利と義務」についての二つの論文に留意しながら、「福徳一致の説」を詳論することによって、戦前の森瀧市郎の哲学を明らかにしたいと思います。そして、第一章で論じた森瀧の戦後哲学と比較しながら、その戦前哲学を論じることになります。

## 第二節　「福徳一致の説」について

森瀧の戦前哲学の立場は「福徳一致の説」（『精神科学』昭和一〇年第一巻、目黒書店、以下「福徳一致」と略記）に明瞭に表れています。ここではその立論、展開のプロセスを論述に従って追跡し、それを通して結論としての森瀧戦前哲学の立場を明らかにしたいと思います。

### （1）立論　福徳一致＝健全な道徳的常識への疑い

森瀧によれば、幸福と徳は一致するものであると考えることは「健全な道徳的常識」であります。この常識は「宇宙の道徳的支配に対する素朴的信仰」とも言い換えられます。健全な道徳的常識にとっては、幸福と徳が一致するということが宇宙全体を支配する真理であるというのです。真理とは絶対的なものです。森瀧によりますと、真理が絶対的なものであるということは、「真理に合するものは存在し、背くものは滅びる」ということを意味しています。真理は「実在性」の指標となるのです。

個別的なものに目を転じると、「ものの真理」とは「ものの本来」ということになります。真理が実在性の指標ですから、「ものの本来」に合すれば栄え、背（森瀧はこう表現しています）すれば滅びるということになります。個別的なものが「道徳の真理に合する」ということは、努力し精進するという徳を発揮することに他なりません。これを「善く生きる」と言い換えてもいいでしょう。また「正しく生きる」と言い換えてもいいでしょう。その努力、善き生き方は即座に繁栄・幸福につながるのです。これが「道徳的常識」であり、一般にそうだとして信じられていると森瀧は言うのです。しかしながら、もし道徳と幸福との一致、不一致が偶然事であり、正しく善く生きても幸福をつかめないことがあるなら、そして正しく善く生きなくても幸福になるのであれば、「一般世間の実地の道徳は存在しえない」と森瀧は言います。常識は常識が成り立たなくなると、「動揺」、「疑問」、「懐疑」へと至ることになります。実際に現実の世の中は、この常識が成り立たない場合が極めて多いのです。ここに「福」と「徳」の関係の問題が生じます。「福と徳」が哲学的・倫理学的議論の対象になるのです（「福徳一致」六九―七三頁参照）。

## （2）展開1　森瀧のアリストテレス幸福論解釈

西洋倫理学史上、福徳の関係の問題は「最高善」の概念を規定するときに現れる、と森瀧は言います。森瀧によれば、この議論を代表するのは、古代においてはエピクロス学派とストア学派の対立であり、近代においては英国功利主義とカントの厳粛主義との対立です。

こう前置きして、森瀧はアリストテレスの幸福論について語り始めます。なぜなら、人間の最高善の研究こそ倫理学であると考え始めた哲学者こそアリストテレスに他ならないからです。森瀧によりますと、アリストテレスは「最高善は幸福なりとの経験的機能的規定」（同上、七四頁）に達します。実は幸福のこの規定こそ、第二部で論じた西晋一郎によるアリストテレス批判の原因であります。西にはアリストテレスによる幸福の経験的解釈は、ソクラテス・プラトンからの堕落に思えたのです。森瀧によると、経験的な幸福規定のもつ意味は「幸福にはよき活動即ち徳に伴う心の満足以外に更に一般常識が善となす所のものがすべて入り来る」（同上）ということに他なりません。つまり、「感覚的に善きもの」が幸福の中に入ってくるのです。それは徳と矛盾するものでもあります。

しかしながら、森瀧が言うように、アリストテレスにはもう一つの側面があります。それは『形而上学』や『霊魂論』で行われている幸福の演繹的規定です。この規定によれば、アリストテレスでも、「最高善＝徳」となります。つまり、演繹の立場に立つと、人間には人間の目的があり、その目的を実現するための活動が「徳」ということになります。それを森瀧流に表現すると「人間の目的は理性により獣性を常に指導し、調和的に活動せしめること」（同上、七五頁）となります。この演繹の立場に立つと、「徳＝幸福」となり、そこからは「感覚的に善きもの」は排除されることになります。これがアリストテレスの最高善の形而上学的演繹的規定です。

以上、見てきたようにアリストテレスには幸福についての二つの異なる考えがあります。森瀧は「混ざりあっていてわかりにくいが、そこに妙味がある」（同上、七四頁）と言っています。そうだとすれば、西のアリストテレス幸福論解釈は、アリストテレスの一面を強調したものだということになります。森瀧はアリストテレス倫理学のもつこの二側面について以下のように論評しています。

アリストテレスは、シジウィックもいう如く、是等健康、富等を最高善の形而上学的論理的規定から排除せんともせず又取入れんともせずして巧に経験的帰納的規定と織交ぜているのである。されば経験的帰納的規定の方向か或は形而上学的演繹的規定の方向かいづれか一方的に見んとしてはアリストテレス倫理学の真相からは遠ざかるのである。（同上、七六―七七頁）

森瀧はこのように語りつつ、アリストテレスのこの「織交ぜ」は「ギリシャ人一般の思想常識」（同上、七七頁）からして当然のことであると考えています。そしてどちらか一方だけをアリストテレスと断定するのは、アリストテレスから遠ざかることになると言います。この点では、森瀧は西晋一郎とは異なります。しかしそうは言いつつも森瀧は、形而上学的演繹的規定に軍配を挙げています。なぜなら、この演繹的規定は徳と幸福の「自同的・同一異名的結合」であり、必然的結合であるのに対して、帰納的規定の徳と幸福は「因果的一致」であり、必然的結合ではないからです。前者は「善く生きること」は即「幸福」であり、後者は「善く生きるならば」「幸福になれる可能性がある」ということに他なりません。その上で、森瀧は後者を「幸福を人間努力の範囲内に置くための仮定として重大な意味を蔵することであろう」（同上、七八頁）と評価しています。しかし、アリストテレスはこれ以上この問題に深入りしなかったとして、アリストテレス倫理学の意義を福徳一致の二類型を示したことであると結論づけています。

## （3）展開2　カントと功利主義

森瀧は以上でアリストテレスを離れ、ストア学派とエピクロス学派に簡単に言及しています。それによると、両派とも徳と幸福をアリストテレスの演繹的規定と同じく同一律としたけれども、根本概念が違うから反対の立場に立つことになったということです。その結果、ストア派は徳を最高善となし、エピクロス派は幸福を最高善としました（同上、七八頁参照）。しかし、両派は徳と福を最高善の異なる二つの要素とは考えなかったのです。

この両派の最高善についての二つの異なる方向が、ロゴス的とヘドネー（快楽）的と換言されます。そして、前者がカントの厳粛主義的倫理説、後者が英国の功利主義的倫理説とされます。森瀧によれば、近世倫理学史はこの両説、すなわち道徳性（義務）の原理と幸福の原理の対立抗争によって形成されるのです。

森瀧はまず、功利性についての自説を述べて行きます。森瀧は功利主義の中心問題は「一般公共の幸福と自己の幸福とがいかにして一致するか」にあるが、功利主義にあっては「公共の最大幸福（義務）が結局は自己の最大幸福となることでなければ成立しない」（同上、八一頁）と結論づけています。「人の為にも最もよく我の為にも最もよしということが実に功利主義における最高善」（同上、八二頁）ということになります。そして、「公共の最大幸福＝自己の最大義務」を可能にする機能は「制裁」（同上）にあると断定されます。

周知のように、功利主義は、人間は「自己の快苦の感情」に従って行為すると考えます。それを森瀧は「結局功利説は自己の快苦という自利によって自利を動機として動くもの」（同上、八三頁）と表現しています。そうでありながら、自利的行為といえども公共的幸福に合致するという前提が功利説にはあると明言しています（同上、参照）。それを可能にするのが、「自己幸福と公共幸福との媒介者」（同上）としての「制裁」なのです。森瀧は、この「自己幸福と公共幸福の一致」の確信を、「アングロサクソン民族の信仰」（同上、八四頁）とも呼んでいます。ただ、こうした功利主義の「根本特色」は、「制裁」によってのみ成立するわけです。制裁には、ベンサムが「道徳的制裁」と呼んでいるものもあります。しかしベンサムにあっては、制裁は基本的に「法的制裁」に代表されるような「他律的」（同上）なものです。《ベンサムの言う道徳的制裁も公共的制裁であり、道徳的制裁といってもそれは本来他律的なものなのです。》功利主義においては道徳の基となる制裁は他律的なものであり、この立場を森瀧は「世間実地の道徳より遠離するを好まざる英国倫理説の多くが之を論ずるは自然の勢いとも見られる」（同上）と結論づけています。

それに対して、周知のことではありますが、カントは徳と福を全く異なる要素と考えました。森瀧によれば、カントこそが、最高善の概念のうち、最も厳しく徳と幸福を分け、徳のみが「最上善（das obere Gut）」（森瀧はここでは「最高善（das höchste Gut）」と言わずに、「最上善」と言っています。道徳と幸福は最高善の構成要素ですが、カントは道徳だけが最上善であり、道徳を幸福に優先する幸福の制約であると考えています）を構成するものと考えた人でした（同上、八五―八六頁参照）。カントにあっては、「徳」とは「道徳律の要求を一貫すること」（同上、八五頁）に他なりませんが、森瀧はこれを「カント倫理学の真面目」（同上）と言っています。森瀧はこうした論述の後、『実践理性批判』の「分析論」と「弁証論」を論じて行きます。

まず、「分析論」から。森瀧によると、「分析論」の「最重要の仕事」は、「幸福の原理」と「道徳性の原理」（義務）との峻別にあります（同上、参照）。まず、幸福の原理は快苦の感情に基づいて意志決定が行われるので経験的原理と呼ばれます。それに対して、道徳性の原理は「純粋理性の道徳律」に基づいて意志決定が行われるので先験的原理と呼ばれます。前者は「自然機制」（自然のメカニズム）に従っている他律的意志決定であり、後者は道徳律に従う自律的意志決定であります。前者が「自然界」に属するものであり、後者は「自由界」に属するものであります（同上、参照）。森瀧は分析論をまずはこのようにまとめます。

しかし、森瀧はカントを引用しながら、両者は「反対ではない」と言います。それはどういうことかと言えば、純粋実践理性は完全に幸福と矛盾するものではないからです。例えば、熟練、健康、富などの幸福は義務実現のよき手助けになりますし、貧乏などの不幸は義務実現の阻害要因となります。このようにカントは「幸福への要求」を全面否定しないのです。ただし、幸福の促進は決して義務ではないのです。純粋実践理性の義務はただただ道徳律に従って意志決定することであり、それのみが義務なのです（同上、八五―八六頁参照）。したがって、両者は「反対ではない」のですが、「まったく世界が異なる」（同上、八六頁）ものであると森瀧は分析論をまとめます。

分析論では道徳性と幸福の峻別が課題でしたが、弁証論では「両者がいかにして結合されるか」が課題になります。人間が幸福を求めるのは、人間が紛れもなく自然界に所属する感覚的存在者であるからです。ここでは「快楽幸福」が最高の原理です。しかし、カントにあっては、人間はそれと同時に紛れもなく「超感覚的存在者」でした。このような存在者としての人間にとっては、「道徳律の履行、即ち徳」（同上、八六頁）が最高の原理です。森瀧は「この二つの原理の統一即ち福徳円満は人間至深の要求としてカントもこれを求めずにはいられない」（同上、八七頁）として、福徳一致をカントの「夢」として描いています。森瀧は、このカントの夢をカント倫理学の「拙劣なる所」と酷評する見方があることを認めつつ、彼は「人間カントの正直さがここに素直に流路せるものと解したい」（同上）と、評価しています。

弁証論においてカントはこの二つの原理の統一を求めていきます。森瀧は、この統一を求める過程を、最高善を「ゆりかためる理路」（同上）と表現し、カントを引用しながら簡単に辿っています。その結果について森瀧は以下のようにまとめています。

かくてカントによって達せられた二つの原理の統一は感覚的要素が超感覚的要素に従属することによって、上位によって下位を統一することによってのみ成立し得るのである。換言すれば、徳が主となり幸福が従となることによってその統一は得られるのであって、幸福が主となり、徳が従となることによっては得られないのである。かくてカントの厳粛主義は何等その純潔を失うことなしに、道徳はただに幸福に値するのみならず又幸福にあずかるという福徳一致の最高善の

理想に達し得るのである。（同上、八八頁）

森瀧はカントにおける二原理の統一をこのようにまとめています。しかし、カントにあってはこのような統一を「空想」に終わらせないために、周知のように「霊魂の不滅」と「神の存在」が要請されます。というのも、森瀧が言うように、この世界において最高善を実現することは、紛れもなく純粋意志の対象でなければなりません。しかし、カントにあっては、その実現は「現世においては」不可能なものと考えられています。したがって、完全な徳の実現には「無限の精進」（同上、八九頁）が必要とされるのです。つまり、最高善は「霊魂の不滅」の前提でのみ実践的に可能となるのです。こうした精進を支えるものとして神の存在が要請されます。カントにあっては、森瀧も言及するように、神が道徳律と幸福との調和の根拠を含んだ理性の絶対的支配のあることを支えているのです（同上、参照）。これを論じ終わって、森瀧は最初に戻り、アリストテレスからの西洋倫理学史の流れを簡単に辿っています。

### （4）展開3　幸福の基盤は「私」ではなく「家」である

福徳一致の理論学説の世界を論じ終わった森瀧は、私たちの日常に目を転じ、ここに福徳一致に対する体験的信仰が存していることを見出します。そして、その日常的信仰を吟味し、「儒教の古典」のなかに福徳一致の思想信仰が漲（みなぎ）っていると展開しています（同上、九一頁参照）。森瀧は儒教の古典のなかに張る福徳一致の信仰を評価するその返す刀で、西洋の福徳一致説を批判しています。西洋のその説は「抽象的、非現実的」であると。

西洋の福徳一致説においていう福徳の一致は個人の上に就いて見られたものである。然るに東洋のそれにおいていう福徳の一致は一家の上に就いて言われたものである。固より一個人の上に就いても言われるが併しむしろ一家の上に就いて言われるのがその本旨である。我が善因は必ずしも我が一身の上に善果を結ぶを期しない、むしろ一家子孫の上に善果を結ばんことを望む。

（同上、九二頁）

森瀧によれば、西洋は福徳一致を「個人」において考えるから「抽象的、非現実的」であり、東洋は福徳一致を「一家子孫」において考えるから「具体的、現実的」であるということです。福徳を個人一身で考えている限り、決して福徳一致はないのです。福徳は先祖や子孫との関係の中で考えられるとき、一致するのです。「この私」は抽象的であり、「一家のなかの私」が具体的・現実的なのです。なぜ、「一家の中の私」が現実的・具体的なのでしょうか。「我の不徳は父祖の徳を傷け子孫の禍を宿し、我の善行は父祖の名を顕し子孫の福を孕む。（中略）故に福徳の一致はただ一家祖孫一体の上において実となる」（同上、九二―九三頁）からです。私の善行は父祖の「おかげ」であり、子孫への「善き贈り物」なのです。私の徳は子孫の福となって福徳一致が実現されると考えていいでしょう。また、私の福は父祖の積んだ徳の賜物なのです。森瀧は「祖先深厚の立徳が実に子孫万代を潤す」（同上、九二頁）とも言っています。このような父祖への想い、子孫への想いが確かに私たちの中にもあるような気がします。そして、このような想いは確かに日本文化の一面を形成しているとも考えることができます。

森瀧は「西洋の福徳一致は個人一身を単位としての一致である」（同上、九三頁）と批判的に念押しして、再び簡単にアリストテレス、ストア派、エピクロス派、カント、功利主義と辿っていきます。そのなかで、カントに対して、福徳一致を霊魂不滅を要請してまで達成しようとするその姿を「誠に真摯の極み」と評価しながらも、それを「祖孫無窮の相承存続によって〈福徳一致を〉達せんと期するものが子孫後裔の守護神たらんと願うのとは様子が違う」（同上、九三—九四頁）と、西洋と東洋の「根本的相違」（同上、九四頁）を力説しています。

右を押さえたうえで、森瀧は自説を展開していきます。森瀧は人間及び人間の生活を以下のように語っています。

> 縦には祖孫一貫の歴史的一生命、横には自他一体の社会的一生活、唯々縦横一貫一体の一生活、歴史的社会的無限連関の一生命を見るのみ。人間生活即歴史的社会的生活即人倫生活であって別に個人生活というものは見当たらぬ。（同上）

ここで言われている「縦」とは時間軸、歴史であり、「横」とは空間軸、社会のことであります。人間の生活は歴史的社会的に形成されてきたものであって、それと無関係の、純粋な個人生活などないと、森瀧は明言しています。それならば、森瀧にあっては、「個人」とはどのような存在なのでしょうか。森瀧は個人を以下のように規定します。

個人とは只歴史的社会的一生命運動の一先端をいうのみ。もし一個孤立の個人というものありとすれば、それはただ思惟抽象の所産に過ぎず空想に過ぎぬ。（同上）

ここには西洋的個人規定を「空想」とする森瀧の明確な思想が現れ出ています。個人は皮膚に被われ、固有の顔をもち、そういうものとして確かに「ひとり」存在しますが、そうであるからと言って全く独自の全く他者と異なる存在として理解されるとしたら、そうした個人は「空想」の産物でしかないのです。個人は歴史的社会的な「最先端」であっても、それは全ての個人に当てはまる規定であって、決して「かけがえのない個人」ではないのです。森瀧にとって、人間はやはり森瀧流の表現で言う「祖孫一家的生活」（歴史的社会的生）の中で理解されるとき、具体的・現実的存在になるのです。

《ここで注のようなものとして本文の中に以下のことを付け加えておきます。日本ではよく「悠久不滅の永遠の命があって、個々の命はそれに向かって身を修めていかなければならない」というような類の教育論が展開されます。ここでは個々の命は永遠不滅の生命の中にあって、永遠の生命と一体化されるべきであると考えられているわけです。極端なことを言えば、ここでは永遠不滅の生命が本質であり理想です。それに対して、個々の生命は生成消滅するものとして永遠の生命の下位に位置づけられています。こうして、永遠の命と一体となるべく、個である自己の命を「捨てる」ことが「善く生きる」ことになる可能性が開けてきます。引用文の語る「歴史的社会的一生命運動」を「永遠不滅の生命」と解し、「一先端」を個々の生命と解釈すると右のような解釈が可能になります。このような解釈においては、純粋な個、「かけがえのない私」は、あくまでも「空想」の産物なのです。ただし、大いなる自然と私たちとの一体性を説く思想は、地球環境問題を解決するために必要な考えであると、しばしば主張されます。第三部第二章で言及したドイツ環境政策の基本にある『自然との和解への道』のなかにも認められる思想です。ドイツ語の「Heimat」（故郷）という言葉の中にも、自然との一体化という思いが込められています。個と全体の問題。それこそ悠久不滅の難問ですが、森瀧はここでは明確に全体の立場に立っています。》

個人がこのように捉えられるとき、個人の幸福は「我が一個一身」（同上、九五頁）のものではなく、「祖孫一家」のものとして考えられるべきものとなります。福徳一致は、この考え方のもとで理解されるとき、現世で実現されるものとなるのです。この観点を森瀧は「西洋福徳一致説の抽象性非現実性」の「超克」と語ります。この「超克」の使い方は、「近代の超克」と呼ばれた戦前の思想運動と類似していることを指摘しておきます。「近代の超克」と呼ばれている戦前の思想運動は一部評価されるところもありますが、基本的には大東亜戦争の思想版と考えていいと思います（拙著『ポツダム』一二八―一三〇頁参照）。

しかしながら、私はカントが霊魂の不滅を要請して福徳の一致を来世に期待したことと、森瀧がわが身一身の幸福ではなく後世の子孫の繁栄・幸福を願って徳を積むことの間に、福徳一致が後に託されるという点ではさほどの違いは認められないのではないかと思います。たとえ、実現の場に来世と後世の違いがあったとしても。

それでも森瀧は最高善としての福徳一致が「祖孫一家」において成立するという思想を具体的に陳列して見せます。森瀧によりますと、各家には「家訓家憲」（「福徳一致」九六頁）と呼ばれている家の教えがあります。家訓には一家の歴史が詰まっています。父祖が一家の安泰を願って反省精進した思いが、家訓にはちりばめられているのです。それが家訓、家の教えですが、その教えには「積徳は必ず福禄」（同上）をもたらすという確信も伴っていると森瀧は主張しています。なぜなら、「教には法則と慈愛が一つになって籠っている」（同上）からです。「籠っている」という表現は、当時の一般的表現のようでもありますが、西晋一郎がよく使用する表現です。森瀧もこの言い回しを使っているところをみると、広島学派に特有の表現かもしれません。「籠っている」という表現は、異なったものが一つになっている状態に対して使用されます。例えば、家の教えとなっている法則、「借金はするな」や「子供には一度他人の飯を食わせろ」という厳しい法則（理）には、子孫繁栄を心から願う愛（情）が籠っているというように。

我知らず自ら生を全うし幸福を致すことが出来るのは教えに籠る無限の慈愛の故である。故に父祖の教に順なることは同時に父祖無限のめぐみに浴する所以である。家憲家訓を順守することと家運隆昌とが一つなる所以がここに存する。（同上、九七頁）

かくして「福徳一致」は「父祖一家」において成立するのです。しかし、ここで論じられている福徳一致はまだ家という土台におけるものでしかありません。

### (5) 結論　福徳一致は「国家」において具体的現実的になる＝「過剰な理想」

「福徳一致」の結論である（六）は家と国との関係から始まります。ここで展開されている「個人＜家＜国家」という図式のうちに、戦前の森瀧の哲学がくっきりと現れ出ています。少々長くなりますが、その部分を以下に引用しておきます。

> 家は国の中にあって家であり家の教は国の教に基いて家の教であり得る。国を離れて家なく国の教によらずして家の教はない。（中略）家といえば個人というに比して暫く具体的現実性を得たるようなれど国に比しては尚一個の抽象的存在に過ぎない。歴史的社会的連関一体の生活は唯国家に於てその具体的現実相を現す。ここに於てか福徳一致の問題は個人を単位とするは勿論のこと家を単位とするも未だ実を得ず唯国家に於てのみ真の回答を得るのではあるまいか。（同上、九八頁）

ここでは見事に、福徳の真の一致は国家において具体的現実的なものになることが宣言されています。それでは、国家に於ける福徳一致とは何か。ここで森瀧は福徳一致を「国民道徳」と「民族の福祉」との関係へと高めています（同上参照）。国民道徳とは、ある民族の特殊な道徳であり、その民族の太初の予言とその伝承によって示されているものであると、森瀧は言います。例えば、漢民族における先王の教えやユダヤ民族におけるモーゼの十戒のような（同上、九九頁参照）。こうした各民族の国民道徳に従って生き切ることが、「民族の幸福」につながると言うのです。こうして「最高善即ち道徳と幸福との一致の具体的現実相は国民道徳と民族の幸福との一致ということに求められなければならぬ」（同上、九八―九九頁）となります。

森瀧は最後に日本における国民道徳と民族の幸福に言及します。私たちはここに、西晋一郎の弟子であり、国家主義者であった森瀧市郎の姿を見ることができます。

> 我が日本の国民道徳は　天祖天照皇大神の立て給いし忠孝の教に基づく。　天壌無窮の神勅は忠の基づく所、宝鏡の神勅は孝の基づく所、実に　天祖の二大神勅は日本国体の基づく所、国民道徳の依る所である。　天祖無限の慈愛は国体忠孝を通路として周流遍満する。故に我が民族は唯々国体を尊び忠孝を尊信実践する時よくその生を遂げる。（原文のママ、同上、一〇〇頁）

とてもわかり易い文章です。日本の国民道徳は天照皇大神が立てられた「忠・孝」です。忠孝を基にしている国民道徳に従って生きるときに、日本民族は民族全体の幸福に到達できるのです。これが福徳一致の完成態です。そう読んで間違いないでしょう。西晋一郎は「忠」を「孝」より重んじるところに日本儒教の特質があると考えています。しかし、それを基本に「孝」は「忠」に包摂されるものと考え、「忠孝一本」の立場に立ちます（『ポツダム』七六頁、九九頁参照）。森瀧はことさら忠孝一本に言及しませんが、忠と孝を日本の国民道徳の基本と考え、「日本の歴史は忠孝の歴史である」（「精神」一〇〇頁）とまで言い切ります。

論文を締めくくるにあたって、森瀧は忠孝という国民道徳を完成させるものとしての「教育勅語」に言及しています。「忠孝が最も明確に自覚され最も簡明適切に現されたものこそは明治天皇より賜わいれし教育勅語である。これ我が国民道徳の基本である」（同上、一〇一頁）。教育勅語の渙発は一八九〇（明治二三）年です。ここで少し教育勅語にとどまって、その基本性格について述べておきます。

杉浦重剛という国家主義者がいます。この人は東宮であった昭和天皇の家庭教師として幼少期昭和天皇の教育に携わりました。彼は御進講するにあたって三つの基本方針を掲げています。その第三の基本方針で以下のように語っています。

明治初年より我国は盛に西洋の文物を輸入して事事物物皆彼を学びたるが為め国民思想混乱し道徳の帰趣を知らざるの様となれり。明治天皇深く之を憂慮し給い明治二十三年十月三十日を以て教育勅語を下し給わりぬ。是れ即ち我国民に道徳の大本を示されたるものにして爾来臣民徳教の標準となれり」。（『倫理御進講草案天之部』杉浦重剛先生倫理御進講草案刊行会、一九三七年、三頁）

杉浦はここで教育勅語渙発の理由を、教学刷新評議会答申（一九三六年、昭和一一年、『ポツダム』三三―四四頁参照）と全く同一の西洋思想導入による混乱として挙げています。「教育勅語」が西洋思想導入による混乱に対する最初の対応策であるとすれば、教学刷新評議会答申は国家総動員体制作りのための教育版として、西洋思想に基づく混乱収拾のための総仕上げと位置づけることができます。しかし、答申は所詮文部大臣の諮問に対する評議会の答申にすぎません。それに対して、教育勅語は西洋思想導入に基づく混乱を憂いて明治天皇が道徳的規範として臣民に下されたということになっています。教育勅語には、最後に「御名御璽」とあり、疑いもなく天皇陛下が自ら出されたという形式を採っています。西晋一郎は教育勅語について、次のように述べています。

> 国の教えは天皇の教勅である。それが師の教えであり、父の教えである。天皇の詔勅は皆教えという意味がある。それを特に現されたものが教育勅語である。（西晋一郎口述、本間日出夫筆記『国民道徳』協和印刷、二〇〇〇年、一七五頁）

教育勅語の本文はわずか三一五文字から成っています。そこで説かれる徳は日本人の慣れ親しんだものであり、それ自体としては完全否定できるものではありません。しかし、教育勅語の大きな問題は、それが神勅であり、神としての天皇が臣としての国民に道徳を説いているという構造にあります。神勅に、臣である国民は基本的に「異議申し立て」などできるはずがありません。森瀧論文の結論は、そのような枠組みで存在している教育勅語に従って生きることが福徳一致に繋がると説かれているわけです。臣としての国民は、「己を捨て」忠孝に励みましたが、戦前の多くの若者たちは福徳一致に至ることなく、散って行きました。

森瀧は教育の西の総本山である広島高等師範学校の倫理学教授として、教育勅語に基づく教育を積極推進する立場にありました。今まで扱ってきた論文の結論は、その立場とピッタリ一致します。この立場が、まさしく「森瀧の思想と全く同じであったのかどうか」という問いに対しては、この論文を見る限り「そうでした」と答える他ありません。

結論です。森瀧にあっては、福徳一致という理想は、この世において実現されるものとなります。国民にとっては、忠孝という国民道徳に従って生きることが善き生き方です。その善き生き方とは、上に忠孝を尽くすこと、すなわち己を捨てることによって民族に奉仕することでありました。己を捨てることによって民族の福祉が完成するのです。恐らく、このような立場への批判に対して、森瀧は次のように語るでしょう。「己を捨てることによって、真の己を実現するのだ」と。森瀧達戦前の教育者の多くが、国家方針であったとはいえ、「己を捨てる」という「過剰な理想」を国民に求めたのです。だから森瀧の戦前の夢もその戦後の夢と同様に、「過剰な理想」であるという点において、「マッカーサーの夢」の系譜に位置づけることができるのです。

## 第三節　「過剰な理想」の中身——理性的自利主義

### (1)「過剰な理想」を実践する「理性的自利主義者」とは、いかなる人か

前節で戦前の森瀧市郎の思想的立場は明らかになったと思います。その前提で他の論文にも少し着目してみましょう。本章第一節で提示しておいた「自利と義務　シジウィック倫理説の中心問題」

（『精神科学』昭和一二年第三巻、以下「自利と義務」と略記）を簡単に覗いてみます。

冒頭で森瀧はこの論文の目標を次のように掲げています。

〈自利と利他の統一という〉哲学的解決を求むる余としては全体の幸福のために我が一身の自利幸福を犠牲とすることが余にとって正しきことである所以をあくまでも洞見しなければ止れぬのである。（「自利と義務」九三頁）

ここでは明らかに、全体の幸福のために個の幸福を犠牲にすることが正義であることを証明すること、これこそがこの論文の目標であると宣言されています。森瀧はこの目標を達成するために前節のように、英国倫理思想、カント、アリストテレスと渉猟しながら、シジウィックに到ります。そしてシジウィックの体系が次のようにまとめられます。

彼〈シジウィック〉が或はカントの厳粛主義の洗礼を受け或はミルの自己犠牲の教説に感激しながらも自利の正当性を最後まで見失わざらんと努めているところにまさしく英国倫理の真骨頂が見られるのであり、或る意味ではホッブスの「レバイアサン」にもまさってアングロサクソン民族の正直なる告白であるとも見られるのである。少くとも理論上では自利否定を説かずしてしかも社会的義務を論ぜんとする英国倫理一般の根本的特色を典型的に具えたるものがシジウィックの体系であると見られるのである。（同上、一〇二頁）

ここでは、シジウィック体系が最もアングロサクソン的倫理体系であるとされています。そしてその理由として、「自利否定を説かずして社会的義務を論じた」ことが挙げられています。森瀧はその点にシジウィック倫理学の意義を認めています（同上、一〇三―一〇五頁参照）。

「全体の幸福のために我が一身の自利幸福を犠牲とすることが余にとって正しきことである所以」を見出すとして出発したこの論文の旅は、シジウィック流の、あるいはアングロサクソン流の「自利否定なき社会的義務の実現」という方向での解決へと導かれていきます。その導出の過程で森瀧はプラトンの『国家篇』を引き合いに出しながら、ついに次のような大胆な提案に踏み込むのです。

> ある事情の下に於ては我々を苦痛損失否死にさえも導く所の自己支配の義務体系が本当には矢張自利の要求に合するのであるということが示されなければならないのである。（同上、一一五頁）

死に至るほどの苦痛にすら導くことになる義務が、自利の要求に合致することになる「ある事情」とはいかなる事情でしょうか。森瀧は「ある事情」でいったい何を考えているのでしょうか。想像できるのは、「自分の理想に殉じて死ぬ」ということではないでしょうか。この想像はいともたやすく「御国のために身を捧げる」ということに翻訳できます。「ある事情」とは、戦況がひっ迫した戦時状況のことでしょうか。森瀧は、死に至るほどの苦痛に導く義務を自利の要求と為すことのできる存在を「理性的自利主義者」（同上）と呼んでいます。森瀧は「理性的自利主義者」の特徴を、正統的道学者以上に「克己的」（同上）であることに見ています。見事な論理展開という他ありません。

もとより英国倫理思想においては、しばしば森瀧も言及するように、自利を否定する思想はありません。だから、社会的義務を論じる場合でも英国に於いては自利を否定するのではなく、「社会的義務の遂行が畢竟真の自利に合致する」（同上、一三二頁）道を採ることになると、森瀧は言うのです。その方向で社会的義務を遂行できる自利主義者が「理性的自利主義者」に他なりません。

### （2）理性的自利主義の究極の表現としての「自利の逆説」あるいは「自利主義の自己解脱」

森瀧は「理性的自利主義者」の特徴を、正統的道学者以上に「克己的」であると語っていました。しかし、シジウィックおよび英国倫理思想からは、このような立場は出てこないように思われます。「自利と義務との完全に一致する社会を理想的社会と見るは多くの倫理学者立法論者に共通の思想である」（「自利と義務」一三四頁）とはいえ、英国にあってはあくまでもその特色は「自利主義的人性観」にあるのです。そういう特色を持ちながらも、英国は世界一の経済的成功を納めます。森瀧はこうした英国経済の成功に「自利と共存共栄」との一致の成果を見ています。英国資本家が労働者の利益を顧慮し、英国地主がその小作人の幸福を求めたことに、具体的な「自利と義務の一致」を見るのです（同上、一三六頁参照）。

こう論じることによって、森瀧は英国倫理の真意を「真に自利の要求に徹するがゆえに社会的義務の大切さにも徹する」（同上、一三七頁）ところに見ているのです。そしてその究極の姿を「自利の逆説」（同上）と呼ぶのです。森瀧は「自利の逆説」を次のように規定します。

> 真に自利を全うせんためには遂には自利の念を捨てるを賢明とし、社会的義務の遂行こそ最大の幸福の源泉なりとする「自利の逆説」こそはこれ自利主義の自己解脱である。（同上）

「自利を真に実現するために自利を捨てること」が「自利の逆説」です。ここには、何が実現されるべき自利であり、何が捨ててもいい自利であるか、じっくりと具体的に検討されなければならない論点が残っています。しかしひとまず森瀧は、シジウィックが立てた自利と義務の統一という至上命題をこのように「自利の逆説」という名文句にまとめあげ、それを「自利主義の自己解脱」という仏教用語で表現することによって、自家薬籠中のものにしているように見えます。このように「自利の逆説」などという用語で難解極まる「自利と義務の統一」が表現されると、「あっそうか」といかにも腑に落ちたような気になります。しかし、わかったように見えて、実は何もわかっていないのです。戦前の思想書や宗教書には（もちろんいまでもなお）、よく「何々即何々」という表現が出てきます。「反対のものが即同一のもの」となるマジックです。「一即多」、「自即他」、経験世界ではそのようなことは起りません。それはあくまでも「悟り」の世界の出来事です。経験世界を超えた世界を想定し、宗教の衣をそれに着せると、何か分かったような気がしてきます。「自利の逆説」とは所詮、そのような世界でしかないのかもしれません。しかしながら、自利に徹するのがアングロサクソンの特質であることを幾度も強調しながら、最終的には「自利の逆説」という仕方で、森瀧は英国倫理思想の精華であるシジウィック倫理学を強引に自分の中に取り込むのです。

「自利と義務」論文の最後で、森瀧は「自利の逆説」の立場を「推譲の真理」(同上)を髣髴させるものであると指摘しています。「推譲」とは『論語』は「泰伯篇」に由来する言葉です。より身近なものとしては、二宮尊徳の四仕法のうちの一つです。尊徳は江戸末期の疲弊した農村の救済復興を試みます。その救済の仕方が「仕法」です。仕法は「報徳」、「勤労」、「分度」、「推譲」から成ります。「分度」とは勤労して得た資産に応じた消費生活を営むことです。「推譲」とは分度して余剰が出たら、それを他に譲ることです。とするなら、「自利の逆説」と「推譲」を同じようなものとして論じることには少し違和感があります。なぜなら、「自利の逆説」とは、「自己を捨て自らを超えたものに到ること」です。したがって、辛苦して得た資産とはいえそれを他人に譲ることである「推譲」とは次元の違う話のように感じます。そうであるなら、なぜ森瀧は論文の最後に「推譲」をもってきたのでしようか。類推するしかありません。一つには、「自利の逆説」が成立するためには「推譲」の精神の成立が必要条件であるということを伝えたかったのでしょうか。もう一つ考えられるのは、「自利の逆説」とは「自己を捨てる」という「過剰な理想」を国民に要求するわけですから、その要求を少し和らげるために「推譲」という比較的柔らかく受容しやすい表現を使ったのでしょうか。このような類推でこの節を締めくくりたいと思います。

# 終　章――「過剰な理想」を超えて

第三部第一章で戦後の森瀧の核絶対否定の思想を論じました。そして第二章で核に対するドイツと日本の対応を論じながら、第三章に移り戦前の森瀧の国体思想を明らかにしました。ここでは、戦前と戦後の森瀧の思想を同一性と差異性という仕方でまとめます。そしてそれを論じつつ、マッカーサーの夢や西晋一郎の夢と比較して「過剰な理想」を総括し、それを超えていく方向性を提示したいと思います。

## （1）　森瀧市郎――戦前と戦後の同一性

戦後の森瀧の核絶対否定の思想は、長い反核運動の結果森瀧が到達した地平です。決して学術的ではありませんが、森瀧は核絶対否定実現へ到るための理路とも呼ぶべき道をスケッチしていました。その理路とは「内へ内へ向かい限りなく豊かな内面世界を開発」することでした。核絶対否定という課題は、きわめて精神的な課題となるのです。

森瀧によりますと、この「豊かな内面世界」の上に築かれる文化が「慈しみの文化」でした。核絶対否定へ到るためには、「慈しみの文化」を構築しなければなりません。森瀧はそのためには、私たちが「自らを超えたものに到る」ことが必要であると説いていました。「自らを超えたもの」を森瀧は「超存在」とか「無の場所」と名づけていました。そしてここに到ると、私たちは絶対慈悲の世界を知ることができるようになり、その自覚によって核絶対否定を実現できるというわけです。しかしすでに述べたことではありますが、「核絶対否定」は、慈悲の世界を実現するために「無の自覚」を要求するという「過剰な理想」の側面を伴っていました。「無の自覚」に到ることができる人は、そうそういません。この意味でも「無の自覚」の要求は「過剰な理想」なのですが、それはそれ以上のことを要求することになるのです。つまり、「無の自覚」は以下の段落でまとめられているように、一歩間違うと多くの国民を戦地に送り出し、さらに自己を否定しお国のために特攻に飛び立つ若者を育てる機能を持っているのです。「無の自覚」が「過剰な理想」であるということの意味は、ここにあります。「無」や「空」や「自己否定」などの日本人が大好きな高尚な言葉は、日本人を戦争に駆り立てる恐怖のテクニカルタームという側面をもっているのです。私たち日本人が無意識に善きものとして是認しているものが、悪夢の原因ともなるのです。その意味で「無の自覚」を要求する核絶対否定は、「過剰な理想」なのです。

他方、私たちは「福徳一致の思想」を通じて、戦前の森瀧の思想を明らかにしました。森瀧によると、福徳一致は西洋のように個人をベースに考えていると実現不可能ですが、それは国家において初めて具体的現実的になるということでした。そして、国家での福徳一致は、「国民道徳」と「民族の幸福」の一致と換言されました。さらに、国家における福徳一致は、具体的には「教育勅語」に従って生きることによって実現されるものと考えられていました。それは教育勅語で説かれている忠孝に従って生きることでした。その生き方とは、己を捨てることによって民族に奉仕することを要求しました。森瀧は「自利と利他の統一とは全体の幸福のためにわが身の自利幸福を犠牲にすること」（「自利と義務」九二頁）と表現していました。また、そのような道徳的個人を「正統的道学者以上に克己的」な「理性的自利主義者」などと表現し、自己を犠牲にする個人の行為を極めて道徳性の高い行為として称賛していました。

森瀧が戦前に描いた理想国家は、天照大神以来万世一系の天皇が統治する道徳国家でした。この点において、森瀧は西晋一郎の忠実な弟子でした。また、森瀧はそうした国家において福徳一致は実現されると考えていました。このような国家の完成態が忠孝に従って国民が全体に奉仕する「国家体制」（国体）に他なりません。とするなら、このような国体は国民に「己を捨てる」ことを要求していることになります。そのような要求を必要とする理想は「過剰な理想」であります。

戦前も戦後も国民に過剰な理想を要求するという点において、戦前の国体思想家としての森瀧も、戦後の平和運動家としての森瀧も変わらない、同一であると言わざるをえません。

さて、西晋一郎は国家形成原理としての「委譲」ないし「譲」を「一切存立の原理」にまで高めました。そして「譲の至極は喜捨であり、忘却であり、出離である」（『忠孝論』一四頁）として、「出離」

の場所を「寺院、教会」に求めていました。「譲」を可能にするのは「虚心」でありますが、この虚心に到る場所として寺院や教会を薦めるのです。この点で、西は「虚心」に高まるために、「宗教」を要求しているのです。

ところで、戦後の森瀧も「無の自覚」に到るためには「宗教」が必要であると説いていました。また戦後と同様に、やはり戦前も森瀧は宗教を必要としていました。というよりも、ある宗教的信条に基づいて自説を展開していました。その信条とは、国家神道的な心情です。日本の国体は万世一系の天皇が統治する「和衷共同体」です。《和衷共同体とは戦前文部省の文書によく登場する日本国体を表す表現です。西晋一郎もよく使用しています（『ポツダム』三二頁参照）。》和衷共同体とは、天皇が大御心で国民を抱擁し、国民がそれに応えて「忠孝」を尽くすところに成立する国家体制です。西晋一郎にあっては、天皇は国民の道徳の師でもありました。また、その道徳の大本である忠孝は日本神話に基礎を持っていました。第三部でもすでに引用した森瀧の文章を以下に再度掲げますが、これを読むと、森瀧と西とがその国体観を一にしていたことは明白です。

我が日本の国民道徳は　天祖天照皇大神の立て給いし忠孝の教に基づく。　天壌無窮の神勅は忠の基づく所、宝鏡の神勅は孝の基づく所、実に　天祖の二大神勅は日本国体の基づく所、国民道徳の依る所である。　天祖無限の慈愛は国体忠孝を通路として周流遍満する。故に我が民族は唯々国体を尊び忠孝を尊信実践する時よくその生を遂げる。（原文のママ、「福徳一致」一〇〇

頁）

国家神道という宗教の上に森瀧の所論が成立していることがよくわかります。したがって、西晋一郎の「委譲」の心を育てる宗教と同じ働きを、森瀧も宗教に期待していたのです。このことから、「過剰な理想」とそれを実現するための「宗教」とはワンセットの設えだった、と言えるのではないでしょうか。

以上のことから、戦前の森瀧も戦後の森瀧も共に、その目的実現のために人に過重過酷な課題を課すという意味での「過剰な理想」を求めていたと言えます。そして「過剰な理想」を実現するために、戦前も戦後もなんらかの宗教性を必要としたと言えましょう。

### （2）森瀧市郎——戦前と戦後の差異性

第一部でマッカーサーの夢について語りました。マッカーサーの「非武装国家」という一瞬の夢が日本国憲法第九条の基でした。その一瞬の夢を現実のものとして引き継いだのが、石橋政嗣の非武装中立論でした。また、宮田光男の非武装無抵抗主義でした。彼らの理想は国民に過重過酷な課題を課すという意味で、「過剰な理想」でした。これと同じように、戦後の森瀧の「核絶対否定」という理想は、「無の自覚」というある種宗教的な高みを要求しました。こうした過重過酷な高みを要求するという意味で、「核絶対否定」は「過剰な理想」でした。

しかも、これら二種の「過剰な理想」は、「非現実的」という意味でも「過剰な理想」でした。非武装中立論や非武装無抵抗主義の非現実性についてはすでに第一部で語りました。私は「核絶対否定」という思想も、必ずしも現実的ではないと考えます。その理由は以下の通りです。

人類は核エネルギーの発見とその実用化によって、一つの大きな転換点を通過しました。すなわち、人類は自らの力で自らを絶滅させるだけの力を手に入れたのです。それなのに、その力を自分でコントロールすることができなくなったのです。なぜコントロールできなくなったのでしょう。その理由は、私たちが隠されていた秘密を知ってしまったからです。一度知ってしまったものは、もう忘れることはできません。私たち人類は核エネルギーというパンドラの箱を開けてしまったのです。たしかに、一時的に核兵器が廃棄されることがあるかもしれません。しかしながら、たとえ核兵器が一度廃棄されたとしても、その作り方を知っている以上、常に復活する可能性があるのです。そういう意味で、核（兵器）の廃絶は不可能になったのです。私たちはこれから核兵器という「おぞましいオモチャ」と永遠につきあっていかなければならないのです。この事態を平和の観点から表現するなら、「平和の不在」と言っていいでしょう。平和が「安心感のある安定した生活」であるとすれば、私たちは「安心することのない不安な生活」しか送れなくなったのです。私たちはもはや「平和が成立しない時代」に生きていると言っていいでしょう。カントは『永遠平和のために』で、永遠平和の必要条件の一つを「すべての敵意がなくなった状態」（カント『永遠平和のために／啓蒙とは』中山元訳、光文社古典新訳文庫、一四九頁、以下『永遠平和』と略す）と規定していますが、核兵器の存在は敵意が存在していることの証しだと私は考えています。私たちは不安の中で生きていくしか生きる道はないのです。このことを私たちはしっかり認識しなければならないと思います。以上が「核絶対否定」が必ずしも現実的ではないことの理由です。

《注として以下のことを挿入しておきます。先年自死した西部邁も私と同様に、核（兵器）は無くならないという立場を採ります。しかし、その認識を揺るぎない基礎として、西部はさまざまな理由を挙げて「日本の核武装」を提案します。その提案は西部邁の遺作『保守の真髄』（講談社現代新書、二〇一七年）第四章「シジュフォスの営みは国家においてこそ」で展開されています。しかし、私は後述するように、核兵器は無くならないとしても、日本は核武装の方向ではなく、森瀧が主張しているように、核（兵器）廃絶の道を採用するべきであると考えます。それがシジフォス（シーシュポス）の道なのです。日本とドイツの核武装は世界史的規模で最悪のシナリオです。》

しかし、戦後の「核絶対否定」という理想と戦前の「神性国家」（戦前に理想とされた国家体制を、先述したようにここでも敢えてこのように表現させていただきます）という理想とは全く違います。前者は人類が希求する善であると言っていいでしょう。それに対して、後者は「狭いナショナリズム」（『ポツダム』九頁）に結びつくと巨悪に転化する可能性を秘めています。前者は私たちが不可能と知りつつも求めなければならないものであり、後者は私たちが常にその危険性に気を付けていなければならないものです。ここに森瀧の戦前と戦後における理想の差異が存在しているのです。森瀧の理想は戦前も戦後も「過剰な理想」ですが、その中身においては質的に異なっているということは弁（わきま）えておかなければばなりません。ただし、森瀧自身がこの差異について深く考究した痕跡は残っていません。

何度でも言いますが、前者は「私たちが不可能と知りつつも求めなければならないもの」です。それはすでに「序章」で述べておいた現代版「ユートピア」であり、「シーシュポスに課された試練」（本書xiv頁）にとてもよく似ています。この観点から「過剰な理想」、とりわけ「核絶対否定」を考察することによって、本書の結論にしたいと思います。

### （3）シーシュポスの神話と「過剰な理想」

アルベール・カミュには、ギリシア神話に材をとった『シーシュポスの神話』という短い随筆があります。珠玉の短編です。カミュは「シーシュポスの物語」を以下のように伝えています。

神々がシーシュポスに課した刑罰は、休みなく岩をころがして、ある山の頂まで運び上げるというものであったが、ひとたび山頂にまで達すると、岩はそれ自体の重さでいつもころがり落ちてしまうのであった。無益で希望のない労働ほど怖ろしい懲罰はないと神々が考えたのは、たしかにいくらかはもっともなことであった。（カミュ『シーシュポスの神話』清水徹訳、新潮文庫、一九六九年、二〇一六年、二一〇頁）

シーシュポスは神に対してきわめて不遜なことをしでかし、懲罰を与えられます。その懲罰が重い岩を山頂まで運び上げることでした。懲罰はそれだけではありません。岩を山頂に運び上げた瞬間その岩はゴロゴロと山の麓まで転がり落ちて行くのです。シーシュポスは再びこの岩を山頂まで運ばなければなりません。永遠に続けられるこのサイクルこそが神によってシーシュポスに課された懲罰でした。ここに人間に永遠の岩運びという「運命」が課されることになりました。このように人間が成就できない課題を成就すべく永遠に努力せざるを得ないというシーシュポスの物語のなかにカミュは「不条理」を見ます。そしてそれを「無益で希望のない労働」と呼んでいます。カミュは山頂という理想への旅を苦悩の旅にしてしまったのです。

ここで森瀧の「過剰な理想」に目を転じましょう。私は前章で大胆にも核（兵器）廃絶は不可能な非現実的なことであると述べました。しかしながら、私は同時に人類は「核（兵器）廃絶を目指さなければならない」とも考えます。なぜなら、たとえ核廃絶が不可能であるとしても、それでも核（兵器）の存在は悪であるからです。核（兵器）廃絶こそ人類にとって善きことであるということを示し続けなければならないと、私は考えています。そのために、たとえ不可能なことではあるとしても、「核（兵器）廃絶」を理想として人類は掲げ続けなければならないと思います。森瀧は戦後このことを実践したのだと、その点について当然のことながら私は評価しています。というのも、その理想を掲げ続けることは、人間にとって「善」がどこにあるかを告知し続けることであり、それによって核兵器の使用をストップさせる力すら持っているからです。とはいえ、それだけでは足りません。徒に「無の自覚」など人々にできもしないことを要求し人々を惑わせるのではなく、核に対する現実的対応をもう少し評価する目を人々に要求してもらいたいとも思います。理想を掲げながら、現実的対応をおろそかにしない、そういう複眼が必要なのだと思います。現実の核（兵器）廃絶への歩みは蟻の一歩より小さいかもしれません。あるいは進むより退いているかもしれません。それでも、理想（夢）を掲げ続けることがなによりも大切なのです。そして、もしかしたら、そのように核（兵器）廃絶を掲げ続けていたら、私たちの手から零れ落ちた平和に新しい生命が宿ることも期待できるからです。

カミュは確かに彼の時代を「不条理」という言葉で表現しました。しかし、彼はいつまでも「不条理」の淵に沈んではいませんでした。カミュはオイディプスの「私は、すべてよし、と判断する」（同上、二二五頁）という言葉を、不条理を生きる人間への賜物として受け取るのです。人間はたしかに重い岩を頂上まで引き上げ、引き上げたとたんに岩は転がり落ちますが、ふたたび同じことを繰り返さなければならない不条理を生きています。これを人間が耐えなければならない重い運命として受け取ると、それは人間にはどうすることもできない「不条理」ということになります。しかしそうではなく、「すべてよし」として自分に引き受けることができるなら、人間は幸福になるとカミュは考えるのです。

この言葉〈私は、すべてよし、と判断する〉は、不満足感と無益な苦しみへの志向をともなってこの世界に入り込んでいた神を、そこから追放する。この言葉は、運命を人間のなすべきことから、人間たちのあいだで解決されるべきことがらへと変える。（同上）

シーシュポスは山の麓へ転げ落ちた岩のところへとぼとぼと降りて行きます。その道すがら、山腹からふと空を見上げます。向かいの山の稜線から、徐々に目を転じていくと眼下にいま岩が転げ落ちて行った痕跡が一筋続いています。その両脇には新緑の木々が風にそよぎながら山肌を覆い尽くしています。「なんて美しいのだ」。シーシュポスは思わず見入ってしまいました。そして、私がこの美しい景色を眺められるのは、「私が頂上まであの岩を運んだご褒美なんだ」というそれまで思いもしなかった不思議な感慨が湧き上がってきました。シーシュポスは、苦役だとばかり思っていたあの岩運びのおかげで、こんなに美しい自然を感じることができたのです。このとき岩運びは強いられた労働から、自分の仕事となったのです。

このことを次のようにカミュは語って『シーシュポスの神話』を終わります。

> 頂上を目がける闘争ただそれだけで、人間の心をみたすのに充分たりるのだ。いまや、シーシュポスは幸福なのだと想わねばならぬ。（同上、二一七頁）

人間は核エネルギーの秘密を知り、その知識を応用し核兵器まで作りました。それは人間の不幸です。しかも、その知識は永遠になくならないのですから、不幸はさらに深まります。人間はなんて「不条理」な世界に生きているのでしょう。しかし、核を知り核兵器を作ったのは人間です。ほかならぬ人間の仕業です。そうであるなら、人間は自分に核（兵器）廃絶という新しい仕事を与えたのです。いまや、人間が自らに与えたこの仕事をひとつひとつ果たしていくことのうちに、人間の幸福はあるのです。核（兵器）廃絶が歓喜の旅になります。核（兵器）廃絶をこのような観点から捉えることはできないでしょうか。その旅はいたずらに「超存在」や「無」を求めません。それは多分、日常にどっしりと腰を据えた静かな生活の旅、例えばサンダル履きで行ける「選挙行動」となって現れるでしょう。そうなると、核絶対否定もその理想を実現するために人々に過重過酷な要求を行う「過剰な理想」ではなくなるのではないでしょうか。

# あとがき

これまで、「過剰な理想」を内包している三つの理想について論じてきました。このうち、マッカーサーは軍人ですが、西晋一郎と森瀧市郎は哲学者です。当然のことですが、それぞれが本領を発揮する場所は異なります。ここではまず西と森瀧の二人について若干のことを述べ、これからの研究の方向性を示しておきたいと思います。

西と森瀧は師弟関係にあり、戦前は両者ともが国家主義者であり、広島で皇国教育を担い国体論を講じていました。西と森瀧の大きな違いは、戦後を生きたかどうかにあります。西は一九四三（昭和一八）年一月昭和天皇に御進講し、敗戦のときの心構えを説きました。この御進講は昭和天皇の心底に届きその御心の内に敗戦時の心構えを形成し、それがポツダム宣言受諾につながりました。しかしながら、西は同年一一月、突然の敗血症で亡くなります。死の直前、西は最も信頼していた後任の山本空外（幹夫）に「この戦争は勝てるか」と不安を吐露しながら息を引き取りました。西の脳裏にはいかなる戦後が描かれていたのでしょうか。戦後、西の高弟の一人がアメリカに占領され進駐軍支配の下、まったく自由を剥奪された日本を嘆きながら、西先生存命ならこの悲惨極まる状況をどう考えたであろうか、先生のお考えを聴きたいと訴えています（『ポツダム』一三二頁参照）。もし存命なら、西はこの状況をどう考え、それにどう対処したでしょうか。死人に口なしです。しかし、同じく西の高弟の一人森瀧は第三部で描いたように、一八〇度転回し戦後を平和主義者として生きました。原爆の体験がとても大きかったのでしょう。西も森瀧のように生きたのでしょうか。西が戦後をどう生きたかは確定できるものではありません。ただ森瀧のなかには師であると同時に岳父でもある西晋一郎の目があって、常に森瀧は西の目を意識しながら生きていたということだけは言えるような気がします。

西田幾多郎と西晋一郎は、西田が三歳年上ですが東京帝国大学で同じころに哲学の勉強をしました。両者は北条時敬(ときゆき)門下として、生涯お互いを意識していました。しかし、戦時下、両者の関係は西田が西に愛想を尽かすという形で決裂します(『ポツダム』一二四頁参照)。両者は決裂したまま、西は昭和一八年一一月に、西田も昭和二〇年六月に亡くなります。したがって、西と西田は共に戦後を生きることがなかったのです。

西は自分の後任として東京帝国大学出身の山本空外(一九〇二―二〇〇一)を広島文理科大学に招聘しました。それと同様、西田は同じく東京帝国大学出身の田邊元(一八八五―一九六二)を京都帝国大学に招聘します。山本は戦後実質的には公職追放となりますが、やがて広島大学に復帰し無事定年まで勤め上げます。山本は仏教の唯識思想を極め、浄土宗一の学僧と呼ばれた人です。戦後、山本は森瀧のように社会的に平和活動をすることもなく、信仰と書や陶器づくりなどの芸術活動に生きました。島根県の加茂岩倉遺跡の近くに空外記念館があります。

西田によって京都に招聘された田邊は終戦の年、定年を迎えます。田邊は定年後北軽井沢に隠棲し、一〇年以上をここで過ごします。田邊は戦後を確かに生きたのです。しかし、隠棲していたとはいえ、田邊は戦前を反省しながら精力的に著述活動を行います。「戦後日本はどうあるべきか」を戦前の反省を基に、世に問い続けます。そういう意味では、戦前の自分の哲学について多くを語らなかった森瀧とは違います。田邊は戦後いち早く『政治哲学の急務』（筑摩書房、昭和二一年）を著し、戦後日本の進むべき方向を提示します。

新しき酒は舊き革嚢に入れることは出来ぬ。舊き自由主義の哲学は揚棄せられて、新しき社会主義と媒介せられ、社会民主主義の哲学となるのでなければ、民主主義の主要契機たる自由と平等とを綜合しえない。（『政治哲学の急務』第一版序四頁）

田邊は戦後日本の目指すべき国家を社会民主主義国家であると宣言しています。ここで田邊は、あるべき社会民主主義を自由（自由主義）と平等（社会主義）という対立者の止揚形態として考えています。自由と平等という対立概念を媒介止揚するためには、田邊が戦前から展開していた「種の論理」が必要であるのかどうか、こういった問題にここでは立ち入ることができません。しかし、自由と平等を総合し両立させるという難問は極めて世界史的・近代的問題です。この問題は、田邊自身も示唆しているように、フランス革命が提起し、ヘーゲルが「市民社会」の「国家」への止揚として解決を計ろうとした問題と繋がっています（『政治哲学の急務』八―九頁）。もちろん周知のように、この課題はまだ解決していません。ただ、田邊は敗戦の混乱の中にあって日本の進むべき方向を自由と平等の総合形態としての社会民主主義の確立に定め、それによって日本の課題を近代政治哲学のなかにしっかりと位置づけているのです。日本はおろか世界のいかなる国もまだ成し遂げていないこの課題を、敗戦後の日本の課題として立てることによって、日本思想史を世界思想史とリンクさせていると言ってもいいでしょう。この立論は、戦前戦中に盛んに議論された「近代の超克」論争を迷妄から連れ出し、哲学・思想のレベルに落ち着かせる役割を担っていると考えることもできます。このように戦後田邊が指示した日本が目指すべき方向性については、一応評価できるのではないかと思います。

しかし、たとえ新しい酒を造ったとしても、それを入れる革袋は戦前とまったく同じの古い革袋のまんまという可能性だってあるのです。戦前の「過剰な理想」が、田邊の主張の根底にぴったりとこびりついたままかもしれません。つまり、「自利の逆説」を説いた森瀧市郎がそうであったように、『歴史的現実』を説く田邊元が革袋の中にそっくりそのまま残っている可能性だって十分あるのです。とするなら、新しい酒をその革袋にどれだけ入れても、その酒はたちまち腐り始めることでしょう。「過剰な理想」という日本思想にこびりついた特性は、そう簡単に無くなりはしないのです。この問題を考えることは、これからの日本哲学研究にとって極めて重要なことであります。

さて、「市民社会の国家への止揚」という課題については、すでに本書第二部でも「西のルソー評価」として述べておきました。西はルソーにも西が説く「譲」のような自己否定作用があることを認めていました。それに対して、ヘーゲルはルソーにはそのような概念などないと否定していました。いずれにしろ、否定作用なしには自由と平等の総合（ヘーゲル的に言えば、市民社会の国家への止揚）はありえないのです。森瀧はシジウィックを論じながら理想的人間を「理性的自利主義者」と名づけました。理性的自利主義者とは「自己犠牲」が「自利の要求」となっている人間のことです。森瀧はそれを「自利の逆説」と名づけていました。戦前の森瀧にあっては、こうした自己犠牲という自己否定力の獲得は、個人としては道徳的完成でありました。そしてそれは同時に、社会的には個と全体が一つになり理想国家が実現されることでありました。しかし、このような自己否定は、死を自利となし国家のために命を捨てることになる戦中の特攻を積極的に肯定する機能を有していたのです。つまり、「国民を戦争に駆り立てる」働きを備えていたのです。『歴史的現実』の田邊元にもこの観点が存在していたことは否めませんが、この観点から田邊と森瀧を比較しながら論じることは次の課題になりましょう。

ところで、ヘーゲル哲学研究の泰斗としてつとに有名なルートヴィヒ・ジープは、ヘーゲル哲学を形成している骨格部分はおおかた現代では受容不可能であるとして否定します。例えば歴史は目的に向かって進展しプロシャ国家においてその目的を実現するという歴史哲学、弛緩した国民の意識を覚醒させるという意義を戦争の内に見出し、戦争を積極的に肯定する戦争観など。また、そうした戦争観を可能にする個の存立に否定的な全体主義的国家観。たしかに、市民社会の国家への止揚は、全体に重きを置く個の自己否定によってしか実現されないかもしれません。とはいえジープは、戦前の西や森瀧ほどのウルトラ国家主義者ではないにしても、個の自立を脅かすヘーゲルの国家重視の考え方には決して組しません。しかしそれでもジープは、市民社会の国家への止揚というヘーゲルが提起し近代政治哲学が求め続ける理念の方向性は正しいものとして高く評価しています。この方向性は自由という価値と平等という価値の総合と言い換えることもできました。ジープはこの方向性を「社会福祉国家構想」と名づけ、ヘーゲル哲学の内にはこの構想があったと語ります。たしかにヘーゲルの国家観は全体主義的です。しかし、そうした結論に至ったその裏には、なかなか折り合うことのない自由と平等の総合を実現するためのヘーゲルのすさまじい政治的・精神的格闘が隠されているのです。自由と平等の総合を目指すがゆえに、すなわちより現実的かつ明確に表現することを許されるならば競争に敗れ貧困化した個人を国家が救済するという理想の実現を目指すがゆえに、ヘーゲルは全体主義の方へ傾かざるをえなかったとも言えるのです。

それに対してアメリカはこの課題をいとも簡単にクリアしたとジープは考えています。なぜなら、ジープによるとアメリカは平等という価値は捨て、自由という価値だけをヨーロッパから輸入したからです。アメリカは西洋近代の理想を半分捨てたのだと言っていいでしょう。その現実的な具体化が「新自由主義」であり、それこそが世界の不安定化の原因であるとジープは見立てています。新自由主義の立場から見るならば、自由と平等の総合を目指し個を全体が救済することになる「社会福祉国家構想」すら、ファシズムの一つの形態ということになるかもしれません。しかし、私はアメリカ的にではなく、自由と平等の総合という西洋近代政治哲学の課題とがっぷり四つで取り組むことが、現代の私たちに託されている課題ではないかと考えています。しかし、その解決において、私たちは「過剰な理想」を廃していかなければなりません。なぜなら、「過剰な理想」あるところ、いつでもどこでもファシズムの危険性が潜んでいるからです。「過剰な理想」は私たちにあまりにも大きな否定や犠牲を求める悪魔の言葉なのです（最後の二段落は以下も参照されたい。拙著『環境の倫理学』丸善、二〇〇三年、拙著『ヘーゲルから考える私たちの居場所』晃洋書房、二〇一四年）。

最後に、出版事情の極めて厳しい中、出版を引き受けて下さった晃洋書房には心より感謝しております。とりわけ、編集部の井上芳郎氏、直接編集作業を行って下さった石風呂春香氏には大変お世話になりました。御礼申し上げます。

二〇一九年三月六日

安芸の宮島対岸にある廿日市市の寓居にて

山内廣隆

# 引用・参考文献一覧

イェーガー、ヴォルフガング他編『ドイツの歴史【現代史】』中尾光延監訳、明石書店、二〇〇六年。

石崎嘉彦、菊池理夫編『ユートピアの再構築』晃洋書房、二〇一八年。

石崎嘉彦『ポストモダンの人間論　歴史終焉時代の知的パラダイムのために』ナカニシヤ出版、二〇一〇年。

石橋政嗣『非武装中立論』日本社会党中央本部機関紙局、一九八〇年。

伊藤晃『「国民の天皇」論の系譜　象徴天皇制への道』社会評論社、二〇一五年。

井上達夫『自由の秩序』岩波現代文庫、二〇一七年。

衛藤吉則『西晋一郎の思想』広島大学出版会、二〇一八年。

エラスムス『平和の訴え』箕輪三郎訳、岩波文庫、一九六一年、一九九一年。

加藤哲太郎『私は貝になりたい』春秋社、一九九四年。

加藤尚武『ヘーゲルの「法」哲学』青土社、一九九三年。

加藤尚武編『他者を負わされた自我知』晃洋書房、二〇〇三年。

加藤尚武『戦争倫理学』ちくま新書、二〇〇三年。

加藤尚武他『鳥取市人物誌　きらめく一二〇人』鳥取市、二〇一〇年。

『加藤尚武著作集　一、四、六、九巻』未來社、二〇一七年〜。

加藤陽子『戦争の論理』勁草書房、二〇〇五年、二〇一二年。

加藤陽子『とめられなかった戦争』文春文庫、二〇一七年。

金谷治訳注『論語』岩波文庫、二〇一〇年。

金子武蔵『ヘーゲルの国家観』岩波書店、一九四〇年。

神山伸弘『ヘーゲル国家学』法政大学出版局、二〇一六年。

カミュ『シーシュポスの神話』清水徹訳、新潮文庫、一九六九年、二〇一六年。

『カント全集　四、五、六、七巻』理想社、一九六五年。

カント『永遠平和のために／啓蒙とは何か』中山元訳、光文社古典新訳文庫、二〇〇六年、二〇一六年。

久能靖『カラー図版　天皇の祈りと宮中祭祀』勉誠出版、二〇一三年。

熊谷徹『なぜメルケルは「転向」したのか』日経ＢＰ社、二〇一二年。

隈元忠敬『西晋一郎の哲学』渓水社、一九九五年。

クラウゼヴィッツ『戦争論（上）』篠田英雄訳、岩波文庫、一九六八年、二〇〇〇年。

クロンバッハ、ハーヨ『核時代のヘーゲル哲学』植木哲也訳、法政大学出版局、一九九八年。

ケルゼン『デモクラシーの本質と価値』西島芳二訳、岩波書店、一九四八年、一九九五年。

小島毅『近代日本の陽明学』講談社選書メチエ、二〇〇六年、二〇一三年。

小島毅『儒教が支えた明治維新』昌文社、二〇一七年。

小島毅『天皇と儒教思想　伝統はいかに創られたのか？』光文社新書、二〇一八年。

小林直樹『憲法第九条』岩波書店、一九八二年。

子安宣邦『「近代の超克」とは何か』青土社、二〇〇八年。

子安宣邦『思想史家が読む論語』岩波書店、二〇一〇年。

在間進他編『現代ドイツ情報ハンドブック＋オーストリア・スイス』三修社、二〇〇三年。

坂部恵『理性の不安』勁草書房、一九七六年。

座小田豊・栗原隆編『生の倫理と世界の論理』東北大学出版会、二〇一五年。

迫水久常『大日本帝国最後の四か月―終戦内閣〝懐刀〟の証言』河出文庫、二〇一五年。

佐藤優『学生を戦地へ送るには　田辺元「悪魔の京大講義」を読む』新潮社、二〇一七年。

重光葵『外交回想録』中公文庫、二〇一一年、二〇一七年。

幣原喜重郎『外交五十年』中央公論新社、一九八七年、二〇一五年。

ジジェク、スラヴォイ『ポストモダンの共産主義』栗原百代訳、ちくま新書、二〇一〇年。

ジープ、ルートヴィヒ「ヘーゲルの国家はキリスト教国家か?」山内廣隆・岩田康弘・大野木博基訳、『ぷらくしす』通巻第一三号、広島大学応用倫理学プロジェクト研究センター、二〇一二年。

シューメーカー、ミリヤード『愛と正義の構造――倫理の人間学的考察――』加藤尚武・松川俊夫訳、晃洋書房、二〇〇一年。

『昭和天皇実録』第一〜第四、第十、宮内庁、東京書籍、二〇一五年〜。

『昭和天皇独白録』文春文庫、二〇一三年。

杉浦重剛『倫理御進講草案』杉浦重剛先生倫理御進講草案刊行会、一九三七年等。

杉田孝夫・中村孝文編著『市民社会論』おうふう政治ライブラリー、二〇一六年。

鈴木貫太郎『鈴木貫太郎自伝』日本図書センター、二〇一二年。

鈴木貫太郎『鈴木貫太郎自伝』中公クラシックス、二〇一三年。

袖井林二郎『マッカーサーの二千日』、中央公論新社、一九七六年、二〇一五年。

高田純『承認と自由　ヘーゲル実践哲学の再構成』未來社、一九九四年。

高山守『ヘーゲルを読む　自由に生きるために』放送大学叢書、左右社、二〇一六年。

滝口清栄『ヘーゲル「法(権利)の哲学」形成と展開』御茶の水書房、二〇〇七年。

竹内好『近代の超克』筑摩叢書、一九八三年。

立花隆「終戦のご聖断と論語の御進講」、『文芸春秋』二〇一八年一月号。

田邊元『政治哲学の急務』筑摩書房、一九四六年。

田邊元『田辺元哲学選Ⅰ　種の論理』岩波文庫、二〇一〇年。

田邊元『田辺元哲学選Ⅱ　懺悔道としての哲学』岩波文庫、二〇一〇年。

田邊元『歴史的現実』こぶし文庫、二〇一六年。

谷喬夫『ヒトラーとヒムラー』講談社選書メチエ、二〇〇〇年。

谷喬夫『ナチ・イデオロギーの系譜　ヒトラー東方帝国の起源』新評論、二〇一二年。

寺田一清編『人倫の道　西晋一郎語録』致知出版社、二〇〇四年。

ドイツ連邦議会審議会答申『人間の尊厳と遺伝子情報――現代医療の法と倫理（上・下）――』松田純監訳、知泉書館、二〇〇四年。

ドイツ連邦議会審議会答申『受精卵診断と生命政策の合意形成――現代医療の法と倫理（下）――』松田純監訳、知泉書館、二〇〇六年。

富永望『象徴天皇制の形成と定着』思文閣出版、二〇一〇年。

縄田二郎『西晋一郎先生の生涯と哲学』理想社、一九五三年。

縄田二郎『西晋一郎の生涯と思想』五曜書房、二〇〇三年。

西順蔵『西順蔵著作集一―四巻』内山書店、一九九五年。

西順蔵『西順蔵著作集別巻』内山書店、一九九五年。

西晋一郎『倫理学の根本問題』岩波書店、一九二三年。

西晋一郎『教育と道徳』大村書店、一九二三年。

西晋一郎『倫理哲学講話』目黒書店、一九三〇年訂正二二版。

西晋一郎『実践哲学概論』岩波書店、一九三〇、一九三六年。

西晋一郎『忠孝論』岩波書店、一九三一年。

西晋一郎『日本國體』日本文化協会出版部、一九三五年。

西晋一郎『東洋道徳研究』岩波書店、一九四〇年。

西晋一郎『教育勅語衍義』賢文館、一九四〇年。

西晋一郎『人間即国家の説』明世堂、一九四四年。

西晋一郎『哲学入門』協和印刷、一九九九年複製本。

西晋一郎『易・近思録講義』渓水社、一九九七年。

西晋一郎『日本儒教の精神——朱子学・仁斎学・徂徠学——』渓水社、一九九八年。

西晋一郎『国民道徳』西晋一郎先生講義・本間日出夫筆記、協和印刷、二〇〇〇年。

『清風録』西晋一郎先生十周忌記念事業会、一九五四年。

『続清風録』西晋一郎先生廿周忌記念事業会、一九六四年。

西谷修『戦争論』講談社学術文庫、一九九八年。

西田幾多郎『西田幾多郎全集第一二巻』岩波書店、一九七九年。

西田幾多郎『西田幾多郎全集第一八巻、一九巻』岩波書店、一九八〇年。

西部邁『保守の真髄』講談社現代新書、二〇一七年。

新渡戸稲造『武士道』岬龍一郎訳、ＰＨＰ文庫、二〇〇五年、二〇一六年。

新渡戸稲造『ビジュアル版　対訳　武士道』奈良本辰也訳、新渡戸稲造博士と武士道に学ぶ会編、三笠書房、二〇一六年。

二宮尊徳『二宮翁夜話』児玉幸多訳、中公クラシックス、二〇一二年、二〇一八年。

『日本国憲法』講談社学術文庫、一九八五年、一九九〇年。

納富信留『ソフィストとは誰か?』人文書院、二〇〇六年。

納富信留『プラトン理想国の現在』慶應義塾大学出版会、二〇一二年。

野家啓一『はざまの哲学』青土社、二〇一八年。

ノール、ヘルマン『ドイツ精神史 ゲッチンゲン大学講義』島田四郎監訳、玉川大学出版部、一九九七年。

林健太郎編『ドイツ史』山川出版社、一九七七年、一九九五年。

原武史、吉田裕編『岩波 天皇・皇室事典』岩波書店、二〇〇五年、二〇一七年。

原武史『「昭和天皇実録」を読む』岩波新書、二〇一五年。

半藤一利『昭和史』平凡社、二〇〇四年。

半藤一利『聖断』PHP文庫、二〇〇六年、二〇一五年。

樋口陽一・吉田善明編『解説 世界憲法集』第四版、三省堂、二〇〇四年。

廣松渉『〈近代の超克〉論』朝日出版社、一九八〇年。

尾藤正英『日本の国家主義』岩波書店、二〇一四年。

ピエロート、ボード他『現代ドイツ基本権』永田秀樹他訳、法律文化社、二〇〇一年。

藤田省三『全体主義の時代経験』みすず書房、一九九五年。

藤田省三『天皇制国家の支配原理』飯田泰三・宮村治雄編、影書房、一九九六年。

藤田正勝『若きヘーゲル』創文社、一九八六年。

藤田正勝『西田幾多郎——生きることと哲学』岩波書店、二〇〇七年。

藤田正勝『現代思想としての西田幾多郎』講談社選書メチエ、一九九八年。

『プラトン全集第一巻』岩波書店、一九七五年。

ヘーゲル『法の哲学綱要』藤野渉・赤澤正敏訳、中央公論社『世界の名著』一九七〇年。

ベーメ、ゲルノート「ドイツの不安？　それともドイツの奇跡？　フクシマとその帰結――ドイツの場合」後藤弘志訳、『ぷらくしす』復刊第一三号、二〇一二年。

ホッブズ『リヴァイアサン（一）』水田洋訳、岩波文庫、一九五四年、一九九六年。

マイヤー＝アービッヒ、クラウス『自然との和解への道（上・下）』山内廣隆訳、みすず書房、二〇〇五／〇六年。

マキアヴェリ『君主論』池田廉訳、中央公論社「世界の名著」、一九六六年。

眞嶋俊造『民間人保護の倫理　戦争における道徳の探求』北海道大学出版会、二〇一〇年。

マッカーサー、ダグラス『マッカーサー　大戦回顧録』津島一夫訳、中央公論新社、二〇〇三年、二〇一四年。

松田純『遺伝子技術の進展と人間の未来――ドイツ生命環境倫理学に学ぶ――』知泉書館、二〇〇五年。

マルクーゼ、ヘルベルト『ユートピアの終焉』清水多吉訳、中公クラシックス、二〇一六年。

丸山眞男『日本政治思想史研究』東京大学出版会、二〇〇四年。

丸山眞男『現代政治の思想と行動』未來社、二〇〇五年。

三島憲一他『戦争責任・戦後責任　日本とドイツはどう違うか』朝日選書、一九九四年、二〇〇二年。

三谷太一郎『日本の近代とは何であったか―問題史的考察』岩波新書、二〇一七年。

宮田光雄『非武装国民抵抗の思想』岩波新書、一九七一年、二〇一七年。

宮田光雄『平和思想史研究』創文社、二〇〇六年。

森信三『修身教授録』致知出版社、二〇一四年。

森瀧市郎『核絶対否定への歩み』渓水社、一九九四年。

森瀧市郎「プラトン哲学に於ける三つの道」、『精神科学』昭和八年第一巻、目黒書店。

森瀧市郎「福徳一致の説」、『精神科学』昭和一〇年第一巻、目黒書店。

森瀧市郎「自利と義務　シジウィック倫理説の中心問題」、『精神科学』昭和一二年第三巻、目黒書店。

森瀧市郎「自利と義務　シジウィック倫理説の中心問題」、『精神科学』昭和一三年第一巻、目黒書店。

山内廣隆『環境の倫理学』丸善、二〇〇三年。

山内廣隆『ヘーゲル哲学体系への胎動――フィヒテからヘーゲルへ』ナカニシヤ出版、二〇〇三年。

山内廣隆『ヘーゲルから考える私たちの居場所』晃洋書房、二〇一四年。

山内廣隆『昭和天皇をポツダム宣言受諾に導いた哲学者――西晋一郎、昭和十八年の御進講とその周辺』ナカニシヤ出版、二〇一七年。

山内廣隆「応用倫理研究教育と政治」広島大学応用倫理学プロジェクト研究センター『ぷらくしす』通巻八号、二〇〇七年。

山内廣隆「和解のために―東アジア共同体とヨーロッパ連合」、『ぷらくしす』広島大学応用倫理学プロジェクト研究センター、通巻一一号、二〇一〇年。

山内廣隆「三・一一後を考える」、『政治哲学』第一三号、政治哲学研究会、二〇一二年。

山内廣隆 "The face of our nationalism"「私たちのナショナリズム」、*The Japan Times*, May 23. 2014.

山内廣隆「二つの君主論――西晋一郎とヘーゲル――」、『政治哲学』第二二号、政治哲学研究会、二〇一七年。

山本七平『戦争責任は何処に誰にあるか』さくら舎、二〇一六年。

山本義隆『近代日本百五十年』岩波新書、二〇一八年。

吉川幸次郎『論語　上・下』中国古典選、朝日新聞出版、一九九六年。

吉田賢抗『論語』新釈漢文大系1、明治書院、一九六〇年、二〇一五年。

吉田裕『昭和天皇の終戦史』岩波新書、二〇一二年。

吉田文和『脱原発時代の北海道』北海道新聞社、二〇一二年。

ヨナス、ハンス『責任という原理』加藤尚武監訳、東信堂、二〇〇〇年。

米田雄介編『歴代天皇年号事典』吉川弘文館、二〇〇三年、二〇一三年。

ルソー『社会契約論』井上幸治訳、中央公論社『世界の名著』、一九六六年。

ローゼンツヴァイク、フランツ『ヘーゲルと国家』村岡晋一・橋本由美子訳、作品社、二〇一五年。

渡部昇一『国民の修身　高学年用』産経新聞出版、二〇一三年。

《著者紹介》

山 内 廣 隆（やまうち　ひろたか）

1949年　鹿児島市生まれ
1982年　広島大学大学院文学研究科西洋哲学専攻博士課程後期単位修得退学，博士（文学）
広島大学文学部助教授，ミュンスター大学（ドイツ）客員研究員を経て，広島大学大学院文学研究科教授
現　在　安田女子大学教授・広島大学名誉教授


**主要業績**

（著書）

『人間論の21世紀的課題』（編著，ナカニシヤ出版，1997年）
『知の21世紀的課題』（編著，ナカニシヤ出版，2001年）
『環境の倫理学』（単著，丸善，2003年）
『ヘーゲル哲学体系への胎動――フィヒテからヘーゲルへ――』（単著，ナカニシヤ出版，2003年）
『環境倫理の新展開』（共著，ナカニシヤ出版，2007年）
『ヘーゲルから考える私たちの居場所』（単著，晃洋書房，2014年）
『昭和天皇をポツダム宣言受諾に導いた哲学者――西晋一郎，昭和十八年の御進講とその周辺』（単著，ナカニシヤ出版，2017年）など

（翻訳書）

ルートヴィヒ・ジープ『ヘーゲルのフィヒテ批判と1804年の「知識学」』（単訳，ナカニシヤ出版，2001年）
マイヤー＝アービッヒ『自然との和解への道（上・下）』（単訳，みすず書房，2005/06年）
ルートヴィヒ・ジープ『ジープ応用倫理学』（編訳，丸善，2007年）など


過剰な理想
――国民を戦争に駆り立てるもの――

2019年7月10日　初版第1刷発行　　＊定価はカバーに
2024年4月15日　初版第2刷発行　　表示してあります

著　者　山 内 廣 隆©
発行者　萩 原 淳 平
印刷者　江 戸 孝 典

発行所　株式会社　晃 洋 書 房
〒615-0026　京都市右京区西院北矢掛町7番地
電話　075(312)0788番(代)
振替口座　01040-6-32280

装丁　尾崎閑也　　印刷・製本　共同印刷工業㈱

ISBN978-4-7710-3227-9